A IGREJA
EM TRANSFORMAÇÃO

Mario de França Miranda

A IGREJA
EM TRANSFORMAÇÃO

Razões atuais e perspectivas futuras

Prefácio
Dom Joaquim Giovani Mol Guimarães

Dados Internacionais de Catalogação na Publicação (CIP)
(Câmara Brasileira do Livro, SP, Brasil)

Miranda, Mario de França
  A Igreja em transformação : razões atuais e perspectivas futuras /
Mario de França Miranda. -- São Paulo : Paulinas, 2019. -- (Recepção)

Bibliografia
ISBN 978-85-356-4545-3

  1. Francisco, Papa, 1936- 2. Igreja Católica - Missão 3. Igreja e
problemas sociais - Igreja Católica 4. Mudança social 5. Teologia social
6. Transformação I. Título II. Série.

19-27857   CDD-261.8

Índice para catálogo sistemático:
1. Transformação : Igreja Católica : Teologia social 261.8

Maria Alice Ferreira - Bibliotecária - CRB-8/7964

1ª edição – 2019
1ª reimpressão – 2020

Direção-geral:	*Flávia Reginatto*
Editores responsáveis:	*Vera Ivanise Bombonatto*
	João Décio Passos
Copidesque:	*Mônica Elaine G. S. da Costa*
Coordenação de revisão:	*Marina Mendonça*
Revisão:	*Sandra Sinzato*
Gerente de produção:	*Felício Calegaro Neto*
Capa e projeto gráfico:	*Tiago Filu*
Imagem de capa:	*@ photographee.eu/depositphotos.com*

Nenhuma parte desta obra poderá ser reproduzida ou transmitida
por qualquer forma e/ou quaisquer meios (eletrônico ou mecânico,
incluindo fotocópia e gravação) ou arquivada em qualquer sistema ou
banco de dados sem permissão escrita da Editora. Direitos reservados.

Paulinas

Rua Dona Inácia Uchoa, 62
04110-020 – São Paulo – SP (Brasil)
Tel.: (11) 2125-3500
http://www.paulinas.com.br – editora@paulinas.com.br
Telemarketing e SAC: 0800-7010081

© Pia Sociedade Filhas de São Paulo – São Paulo, 2019

Ao Papa Francisco,
incansável no empenho pela reforma da Igreja,
em reconhecimento e admiração.

A todos os que com o Papa Francisco colaboram com orações, palavras, ações, iniciativas e manifestações, conscientes e comprometidos com o momento crucial que atravessa a Igreja de Jesus Cristo.

SIGLAS

AA	*Apostolicam Actuositatem*
AG	*Ad Gentes*
AL	*Amoris Laetitia*
CD	*Christus Dominus*
CEB	Comunidades Eclesiais de Base
CELAM	Conferência Episcopal Latino-Americana
CNBB	Conferência Nacional dos Bispos do Brasil
CTI	Comissão Teológica Internacional
DA	Diálogo e Anúncio
DAp	Documento de Aparecida
DV	*Dei Verbum*
EG	*Evangelii Gaudium*
FC	*Familiaris Consortio*
GS	*Gaudium et Spes*
LG	*Lumen Gentium*
MV	*Misericordiae Vultus*
RM	*Redemptoris Missio*
S. Th	Suma Teológica (Santo Tomás de Aquino)

SUMÁRIO

Uma séria recomendação, um forte apelo
Sucintas palavras 13
Dom Joaquim Giovani Mol Guimarães

Introdução 17
Uma realidade em contínua transformação............. 27
  1. Conhecimento e interpretação 28
  2. Conhecimento e história 31
  3. Conhecimento e tradição...............................33
  4. A inevitável questão da verdade....................34
  5. A verdade se desvela na história....................36
  6. A verdade cristã..39
  7. A atuação do Espírito Santo 41
  8. Espírito Santo e renovação eclesial................43

O testemunho da história................................. 47
  1. A necessidade de mudanças institucionais.....48
  2. Transformações nos primórdios do cristianismo.........49
  3. O cristianismo como religião oficial do Império Romano....51

4. A Igreja como sociedade perfeita 54
5. O Concílio Vaticano II 56
6. A evolução doutrinal 57
7. Cristianismo e pensamento grego 60
8. Alguns exemplos de transformações realizadas 63
9. O período pós-conciliar 65

Resistências às transformações em curso 69
1. O poder na Igreja 70
2. A busca por segurança 73
3. Um cristianismo de ritos tradicionais 73
4. Estrutura mental estática 74

Urgência e fundamentação das transformações 77
1. Jesus Cristo e o Reino de Deus 78
2. O Deus do Reino 81
3. A evolução histórica 82
4. Igreja e missão 83
5. Nova configuração eclesial 86
6. Uma Igreja sinodal 88
7. A Igreja e os pobres 90
8. A ação do Espírito Santo 93
9. Um Deus misericordioso 98

À guisa de conclusão 101
1. A urgência de uma linguagem atualizada 101
2. A primazia do "vivido" 103
3. O amor fraterno na construção do Reino de Deus 105
4. Um laicato missionário 107
5. Uma Igreja futura diferente 110

Breve bibliografia 113

UMA SÉRIA RECOMENDAÇÃO, UM FORTE APELO

Sucintas palavras

Dentre os muitos parágrafos escritos pelo Papa Francisco, em incomum esforço de orientar bem a necessária, indispensável e urgente reforma da Igreja, encontramos o de número 25 da Exortação Apostólica de emblemático título *Evangelii Gaudium* – A Alegria do Evangelho: "Não ignoro que hoje os documentos não suscitam o mesmo interesse que noutras épocas, acabando rapidamente esquecidos. Apesar disso sublinho que, aquilo que pretendo deixar expresso aqui, possui um *significado programático e tem consequências importantes.* Espero que *todas as comunidades se esforcem por atuar os* meios necessários para avançar no caminho de uma *conversão pastoral e missionária,* que não pode deixar as coisas como estão. Neste momento não nos serve uma "simples administração". Constituamo-nos em "estado permanente de missão, em todas as regiões da terra" (grifos nossos). Vejamos:

a) a reforma da Igreja tem seu programa fundamental na EG, com extensão em outros textos;

b) é para todos em todas as regiões da terra;

c) implica conversão pastoral e missionária;

d) porque as coisas não podem continuar como estão.

Pouco adiante, para explicar a "inadiável renovação eclesial", no n. 27, o Papa Francisco desce a detalhes que surpreendem pela concretude dos exemplos: "Sonho com uma opção missionária capaz de *mudar tudo*, para que os costumes, os estilos, os horários, a linguagem e *toda a estrutura eclesial* se tornem um canal proporcionado mais à evangelização do mundo atual que à sua autopreservação" (grifos nossos).

Mais uma vez, vejamos:

a) a reforma da Igreja deve mudar tudo;

b) dos horários... até toda a estrutura eclesial;

c) com vistas à evangelização (missão primordial da Igreja, porque é a missão de Jesus Cristo), e não à sua autopreservação.

O que faz o Pe. Mário de França Miranda, SJ, neste livro denso, direto, claro, de poucas páginas? Em quatro capítulos, num crescente rumo à "urgência e fundamentação das transformações" da Igreja, mais uma conclusão em cinco pontos-síntese, ele facilita a compreensão da "Igreja em transformação", dando as razões do presente momento e apontando as perspectivas futuras.

A reforma está em andamento. É uma realidade. O rumo está correto. Ele nos é dado pelo Espírito Santo, iluminador da Igreja e, claro, do Papa Francisco. Além disso, a reforma até aqui já dá sinais inequívocos de revitalização e renovação eclesial, de maior compromisso com o Evangelho, tanto no interior da Igreja quanto em sua presença pública no mundo.

Como a reforma é inadiável, é necessário que haja mais e maior adesão a ela. O grau de comprometimento dos agentes eclesiais, de leigos(as) a cardeais, é diversificado, vai do máximo ao zero, passa por aqueles que estão totalmente empenhados, na alegria do Evangelho e confessado entusiasmo existencial-teológico-pastoral, até aqueles outros, em pequena porção, que resistem e se opõem clara ou disfarçadamente por meio da negação ou da má vontade.

É certo, todavia, que, em muitos lugares, o que o Papa Francisco orienta, está em curso há muito tempo, tornando-se realidade. Mas é certo, também, que há sempre e muito mais a fazer. Como "as coisas não podem continuar como estão" (conforme acima citado), maior deve ser a adesão daqueles que já estão colaborando para colocar a "Igreja em saída". A Igreja vai em saída, quando em saída vão as comunidades, a pastoral, a evangelização, os agentes, a teologia... rumo às periferias todas.

Pe. França Miranda dá a compreender melhor as transformações da Igreja, explicita os principais pontos, fundamenta a reforma e assim colabora com todos os que estamos às voltas com o caminhar da Igreja, mais comprometida com Jesus Cristo e o cerne de sua mensagem, o Reino de Deus. A ele, com liberdade e admiração, agradeço em nome de todos quantos querem caminhar. Somos amigos e irmãos. Considero o Pe. França Miranda meu mestre por ter-me orientado nos estudos. Descobri que ele é mestre de muitas e incontáveis pessoas, pelo serviço que presta por meio da teologia, de altíssima qualidade e acentuada sensibilidade pastoral.

A séria recomendação: leiam este livro, porque ele ilumina.

O forte apelo: deem adesão à reforma, defendam-na, e ao Papa Francisco, porque ele ilumina.

Dom Joaquim Giovani Mol Guimarães
Servidor como Bispo Auxiliar de Belo Horizonte
Reitor da PUC Minas
Presidente da Comissão Episcopal Pastoral
para a Comunicação Social da CNBB

INTRODUÇÃO

O texto que o leitor tem em mãos nasceu de uma indagação muito pessoal, a saber, como explicar esta agitação em curso na Igreja que, à primeira vista, rompe com um passado mais tranquilo? Resulta ela das tensões e dos extremismos presentes na atual sociedade? Ou suas raízes estão no interior da própria Igreja, sacudida por novos questionamentos, por novas compreensões da fé cristã, por novos padrões de comportamento, por novas espiritualidades, por novas instituições e por novas práticas religiosas? Ou por ambas as causas, já que Igreja e sociedade sempre interagiram mutuamente; afinal, a Igreja se encontra no interior da sociedade, não só a influenciando, mas também sendo por ela atingida.

Este fato se revela capital para entendermos o que assistimos hoje na Igreja, porque, como veremos mais adiante, a Igreja, tanto em sua linguagem (proclamação da fé) quanto em sua organização institucional (estrutura social), não pode prescindir da sociedade: ambas não caem do céu já prontas, mas são captadas e assumidas do entorno social respectivo. Portanto, as transformações culturais e sociais que a sociedade experimenta ao longo da história não deixarão de atingir também a Igreja, que, sem perder sua identidade provinda de Deus, terá que mudar sua linguagem e sua estrutura para que se faça entendida e significativa para toda uma geração. Numa palavra, muda para poder continuar sendo Igreja, sinal ou sacramento devidamente captado e entendido pela sociedade de então. Caso contrário, perde credibilidade e força atrativa, com o perigo de se ver reduzida a peça de museu.

Não podemos negar vivermos uma época de transformações socioculturais múltiplas e aceleradas. Sentimos dificuldade em acompanhá-las em sua totalidade, de tal modo que em alguns setores da vida cultural nos sentimos como estranhos no ninho. Mas aí estão as mudanças, inevitáveis mesmo. A assim chamada *modernidade*, que, em suas raízes, nasceu de valores propriamente cristãos, reivindicando liberdade religiosa, democracia política, direitos humanos para todos, respeito às conquistas da razão e da técnica, participação de todos na vida social, autonomia das ciências, da economia e da política, se deparou com uma Igreja fortemente hierarquizada e pouco participativa, que assumiu uma atitude crítica e fechada diante da mesma.

O Concílio Vaticano II significou a retomada do diálogo entre a Igreja e a sociedade com momentos de atualizações, de extremismos e de voltas atrás, como tem sido uma constante na história da Igreja em períodos pós-conciliares. Entretanto, as mudanças continuaram a modificar a vida social e cultural, introduzindo-nos num período caracterizado como pós-moderno, ainda objeto de muitas discussões teóricas, mas que atinge em cheio nossa vida cotidiana, pois o pluralismo reina em nossos dias. Qualquer perspectiva de leitura da realidade goza de direitos iguais de expressão e de prática. Os referenciais sólidos do passado perdem força e credibilidade e os do presente são frágeis e líquidos. O respeito à diversidade se impõe como condição necessária para a vida social. A tolerância se torna uma palavra sagrada.

Ao mesmo tempo, a hegemonia do fator econômico reduz os demais âmbitos da vida social a mercadorias, que devem render dividendos para se justificar como realidades significativas. Arte, literatura, ciência, esporte ou religião são vistas sob este prisma. A produtividade se coloca como valor acima mesmo do ser humano. Protestos que brotam de uma consciência ética ou jurídica não se traduzem frequentemente em resultados práticos correspondentes. Estamos tocando aqui no *núcleo* da atual crise mundial: o ser humano não mais constitui o valor supremo da sociedade, não é mais a meta de toda a organização social (ao menos na prática), mas simples meio para o lucro cumulativo. Desta aberração atual decorrem as demais: esgotamento dos recursos naturais, transformações irreparáveis do equilíbrio ecológico, crescentes desigualdades sociais, acumulação do capital e do poder em mãos de alguns poucos, explosão contínua de violências, radicalização das posições políticas, fuga para o consumismo, para as drogas, para os cultos religiosos com forte carga emotiva, para a distração contínua proporcionada pela internet. Sem dúvida, o quadro não é apenas negativo, se considerarmos os progressos da ciência, da medicina, da difusão da cultura pelas redes midiáticas, do aumento da consciência social em favor dos mais pobres, e poderíamos citar muitos outros fatores positivos vigentes hoje.

Entretanto, é a esta sociedade que a Igreja deve falar. Aqui está por que ela deve rever algumas de suas linguagens e práticas, nascidas no passado, quando eram significativas e oportunas, mas que hoje constituem mais obstáculo do que mediação. E o critério que a Igreja dispõe para tal tarefa não pode ser outro senão a *pessoa de Jesus Cristo*, suas palavras e suas ações. Felizmente, dispomos hoje de valiosos estudos de cristologia que nos revelam com maior precisão e profundidade quem foi realmente Jesus Cristo.

Considerar a Igreja como a continuadora da *missão* de Jesus Cristo ao longo da história, como aquela que deve proclamar e realizar o projeto de Deus para a sociedade humana – projeto este condensado na expressão *Reino de Deus* –, traz certamente consequências sérias para a realidade institucional, cultural, pastoral e, sobretudo, missionária desta mesma Igreja. Pois a pessoa de Cristo anunciada pela Igreja constitui sempre um fator de correção e reforma para ela própria. Transformações que surgem do confronto com a pessoa de Jesus Cristo são necessárias, justificadas e realmente cristãs, porque provêm da ação do Espírito Santo, sempre presente e atuante na comunidade dos fiéis.

O projeto do Pai em favor da humanidade foi sempre prioritário na pregação e no agir de Jesus Cristo, e toda a sua existência foi levar vida para seus contemporâneos, diminuindo os sofrimentos, sanando as divisões e promovendo o amor fraterno acima de classes sociais, de grupos religiosos ou de nacionalidades, lançando assim as bases indispensáveis para uma autêntica e realista convivência humana, o que correspondia ao desígnio de Deus. Jesus deu maior importância ao *ser humano em necessidade* do que às tradições, ritos e práticas religiosas de seu tempo. Exatamente ao contrário do que vemos hoje na sociedade e, mesmo para alguns mais críticos, na própria Igreja. Este ponto será decisivo no capítulo consagrado a uma reflexão teológica mais aprofundada.

Não podemos deixar de mencionar, na tensa situação eclesial de nossos dias, a figura do *Papa Francisco*. Para quem está familiarizado com as conquistas do Concílio Vaticano II, com as Assembleias Episcopais do CELAM, com algumas insistências presentes nos pontificados de João Paulo II e de Bento XVI, ainda que não percebidas e valorizadas devido a outras de cunho mais disciplinar, provocadas pelo debate em curso sobre as consequências do Concílio, o Papa Francisco se encontra, em suas opções de fundo, em continuidade a seus antecessores. Naturalmente estamos às voltas com um Papa latino-americano e não europeu, com madura experiência pastoral, formado numa teologia mais próxima à vida concreta do que à academia, mestre numa linguagem simples e direta, muito livre e, portanto, muito corajoso ao discernir e seguir os apelos do Espírito Santo para a Igreja, e com profunda e vivida sensibilidade com relação aos mais desfavorecidos.

Sua preocupação por todo e qualquer ser humano que sofra fome, injustiça, preconceito ou violência fez dele um líder mundial, respeitado pelos mais diversos povos e religiões. Oposições e resistências acontecem no interior da Igreja, pois sua missão consiste em corrigir uma excessiva centralização, uma mentalidade clerical baseada num poder sagrado que ocasionou, sem dúvida, os desmandos de cunho econômico e sexual, amplamente divulgados pela imprensa e atacados com persistência por Francisco. Aliás, não é à toa que o profeta sofre mais com as autoridades religiosas, cientes de seu poder e de seus privilégios, do que com o povo, como nos comprova indubitavelmente o que se passou com Jesus Cristo e com muitos de seus seguidores mais coerentes. Outras fontes de resistência provêm de reações a sua cruzada em favor dos povos pobres, que desagrada autoridades políticas que não querem mudanças no sistema econômico dominante e se organizam para combater o Papa, que nada mais faz senão dar continuidade ao ensino social de seus antecessores.

A hora pede que evitemos avaliações precipitadas, emotivas, imaturas. Nossas apreciações positivas ou negativas pressupõem previamente nosso amor à Igreja, o respeito pelos que a dirigem em qualquer nível nestes tempos difíceis, nossa fé na pessoa de Jesus Cristo, que nos permite relativizar o que de humano e de frágil encontramos na Igreja, mas igualmente ter uma consciência crítica acerca da atual cultura individualista, permissiva, que cultua o mercado como seu deus.

Para que o leitor melhor compreenda o atual momento com as transformações em curso e possa chegar a um juízo mais fundamentado, dividimos a matéria em vários capítulos, que buscam fornecer elementos para uma avaliação objetiva e realmente cristã. O capítulo inicial procura mostrar, ainda que brevemente, por que a humanidade está sempre sujeita a uma evolução em todos os setores de sua realidade, pois todo conhecimento humano é histórico, sujeito ao contexto no qual acontece, com suas riquezas e limitações. Além disso, sempre traz em seu bojo uma interpretação que lhe confere sentido e possibilita ser realmente um conhecimento. Mudando o contexto, surgindo novos desafios, haverá inevitavelmente uma evolução do pensamento que não pode se tornar prisioneiro de uma época histórica. Para nós, cristãos, essa evolução é também propulsionada pela ação do Espírito Santo, que anima, estimula, esclarece e orienta a fé da

Igreja ao longo das vicissitudes da história; ação esta que se manifesta como tal através de um adequado discernimento espiritual.

O capítulo seguinte é de cunho *histórico* e procura mostrar como a evolução em doutrinas e em práticas sempre foi uma constante na história da Igreja, seja devido às transformações socioculturais, seja por causa das reformas eclesiais que urgiam. Já diziam os antigos que a Igreja deve estar sempre em trabalho de reforma. O capítulo terceiro aborda a questão das *resistências* encontradas pelo Papa Francisco, quando então buscamos esclarecer suas causas, sejam elas de cunho cultural, teológico ou moral, conforme as experiências pessoais e a formação recebida dos diversos membros da Igreja. Em seguida, chegamos ao capítulo quarto, que busca *fundamentar* os esforços atuais por uma renovação do corpo eclesial e que certamente constitui o mais importante de todos. Numa parte final, elencamos de modo breve e simples algumas *características* que a Igreja deveria ter neste terceiro milênio.

Para tornar o texto mais direto e acessível, renunciamos a indicar as obras consultadas, as quais serão elencadas, em parte, no final do livro. Oxalá possa chegar o leitor, através destas páginas, a uma compreensão mais objetiva e realista do atual momento histórico vivido pela Igreja! Talvez ele só será avaliado devidamente e reconhecido em toda a sua importância mais tarde, pela repercussão que terá nos anos futuros. Nem sempre os contemporâneos de um evento percebem seu valor, mas sim aqueles que puderam experimentar seus efeitos na história posterior. Cabe a nós participarmos deste evento não só como observadores passivos, mas também como colaboradores ativos na transformação da Igreja, para melhor desempenhar sua missão de proclamar e realizar o Reino de Deus.

UMA REALIDADE EM CONTÍNUA TRANSFORMAÇÃO

O cristianismo tem na pessoa de Jesus Cristo seu núcleo, sua razão de ser, sua fonte de sentido, sua referência primordial, seu ideal de vida, sua esperança de vida eterna. Crer em Jesus Cristo não apenas como uma figura histórica, mas também como o próprio Deus presente e atuante em nossa história, na pessoa do Mestre de Nazaré, implica assumir seja sua visão do mundo e da história, seja seu comportamento no trato com homens e mulheres de seu tempo. Naturalmente Jesus viveu numa sociedade que não é mais a nossa, com cultura e organização social daquele tempo; portanto, com um imaginário bem distante do nosso, já caracterizado pelo desenvolvimento das ciências exatas, históricas e sociais. Desse modo, o que parecia à primeira vista simples, a saber, um contato direto com os Evangelhos, revela-se altamente complexo, se não quisermos deformar, devido a nossa ótica estranha àquele mundo, as verdades de fé expostas nos textos sagrados.

Aqui aparece com toda evidência a necessidade dos estudos realizados por exegetas, peritos em textos do Antigo e do Novo Testamento, ou simplesmente a importância das notas de rodapé encontradas nas boas traduções da Bíblia. A leitura ingênua ou fundamentalista de textos do passado não consegue atingir-lhe o autêntico sentido, deformando consequentemente sua verdade. Pois é necessário entrarmos naquele mundo de outrora, em seu contexto sociocultural, para que possamos entender sua linguagem própria e, assim, captar devidamente o que nos manifestam seus textos e suas condutas. Aqui surge a pergunta: por que isso acontece? Essa *questão* exige de nós uma reflexão prévia sobre o conhecimento humano, mais complexo do que imaginamos, e que constituirá o tema principal deste capítulo.

1. Conhecimento e interpretação

Imaginamos o conhecimento de um objeto como a compreensão do mesmo tal como existe na realidade ou como afirmava a filosofia clássica, a saber, havia uma correspondência do objeto conhecido, portanto, na mente, com sua existência real. Definição insuficiente, pois a inteligência que conhece já dispõe de todo um cabedal de experiências e de conhecimentos prévios que constituem seu quadro de compreensão e sua chave de leitura,

A IGREJA EM TRANSFORMAÇÃO

que estarão sempre presentes e atuantes em cada conhecimento humano. É sempre a partir de uma *perspectiva determinada* que compreendemos a realidade. O conhecimento apresenta sempre uma dimensão subjetiva (o sujeito que conhece) e uma dimensão objetiva (provinda do próprio objeto conhecido), sem que possamos separá-las ou prescindir de uma delas.

Essa necessária perspectiva, ou horizonte de leitura, explica por que uma *mesma* realidade pode ser compreendida *diversamente*, desde que conhecida a partir de diferentes pontos de vista. Assim, por exemplo, o mesmo ser humano receberá compreensões diversas, sempre que ele for considerado e conhecido a partir de uma perspectiva biológica, psicológica, filosófica, física, social ou religiosa. Cada perspectiva de leitura representa um horizonte de interpretação específico, que nos leva à conclusão de que todo conhecimento é *conhecimento interpretado*, é conhecimento que recebe seu sentido por se encontrar no interior de um horizonte, de uma cultura, de uma época histórica. Daí a dificuldade que sentimos para entendermos ideias e práticas, ao nos encontrarmos em outro país com cultura diversa do nosso. O que pode nos aparecer como insólito e sem sentido, quando considerado a partir do nosso horizonte, se demonstra sensato e coerente quando nos familiarizamos com a cultura alheia.

Em nosso horizonte de compreensão entra uma multiplicidade de elementos provindos de conhecimentos, experiências, sensibilidades, empatias, resistências, valores, impressões, representações, linguagens; elementos esses dos quais não temos uma consciência explícita, embora estejamos imersos neles. Jamais conseguiremos elencá-los todos, ainda que alguns deles possam ser submetidos a nossa reflexão e, desse modo, reafirmados, controlados ou corrigidos. Portanto, o nosso "mundo", apesar de presente e atuante em cada compreensão que temos da realidade, não pode ser desmembrado em todos os seus componentes. A dificuldade se torna maior quando abordamos pessoas, fatos, textos, provenientes de "outros mundos". E este fato atinge fortemente a compreensão da fé cristã e o labor teológico, como veremos mais adiante.

Observemos ainda que conhecer não é propriamente *saber* as causas de um fenômeno e, assim, explicá-lo (ciências exatas), mas de *compreender*, de atingir o seu sentido. Não se explica em suas causas uma obra de arte, mas sim se compreende a mesma em seu sentido, em seu valor artístico, em sua força espiritual. Podemos até compreender, sem conseguir definir racionalmente, realidades captadas em nossa experiência, como a liberdade, o amor, o ser. O que experimentamos marca fortemente nosso horizonte, condicionando nossa compreensão de eventos ou textos, presentes ou passados. E no conhecimento, não de objetos, mas de pessoas, a experiência com as mesmas pode ser mais qualificada se procurarmos com elas nos identificar. Naturalmente, a perfeita identificação é impossível (deixaríamos de ser o que somos), mas assumir, mesmo que parcialmente, a visão da realidade e o comportamento correspondente do outro, ajuda muito para melhor conhecê-lo.

2. Conhecimento e história

Mais complexa se torna a questão do conhecimento quando buscamos conhecer textos e fatos do passado, pois estes somente serão devidamente conhecidos quando compreendidos em seu contexto, em sua linguagem, em sua época histórica respectiva. Tarefa nada fácil para as gerações posteriores, inseridas em "mundos" diferentes, dotadas de perspectivas inéditas de leitura, desafiadas por novas questões. Um mesmo vocábulo pode apresentar sentidos bem diversos, conforme o contexto histórico onde se encontre. Até fatos ou eventos, como veremos, poderão receber compreensões mais amplas no decurso da história, em parte devido a seus efeitos nas gerações seguintes.

A questão se agrava se considerarmos não termos um conhecimento adequado do nosso próprio "mundo", já que muitos de seus componentes não nos são mais diretamente acessíveis, pois provieram de gerações anteriores e foram por nós inconscientemente assimilados, a tal ponto que não mais conseguimos fazê-los emergir explicitamente, embora permaneçam atuantes em nosso dia a dia. Sendo assim, quão mais problemático será conhecermos os mundos do passado, mais experimentados e vividos por nossos antepassados do que conhecidos por eles em todo o seu alcance. Somente temos um acesso parcial a estes mundos através de *textos* neles confeccionados ou de *fatos* neles ocorridos, os quais de certo modo refletem algo dos mesmos. Consequentemente, quanto mais, através deles, temos acesso a esses mundos, tanto mais poderemos compreender os próprios textos ou eventos que nos proporcionaram nossa entrada neles.

Por conseguinte, "nosso mundo" constitui uma grandeza aberta a novos elementos que irão reconfigurá-lo, enriquecê-lo ou, talvez, questioná-lo, pois, provindo de uma tradição que o antecedeu, pode receber novas percepções, conhecimentos ou desafios, que irão inevitavelmente modificá-lo. Não somente os "mundos" do passado são históricos como também o nosso mundo atual tem um solo histórico que não pode ser completamente devassado pela razão. Como resultado, querer compreender o passado significa fazer com que dois mundos se encontrem, sem que aconteça propriamente uma fusão de horizontes, mas sim mais uma espiral de horizontes na sequência inevitável das etapas históricas.

Desse modo, gerações posteriores poderão ter uma compreensão de *textos* mais plena do que a teve o próprio autor. Posto em outros horizontes, o escrito revela uma significação e uma pertinência desconhecida de quem o produziu e que só se mostra tal por estar inserida e, portanto, compreendida num outro horizonte de compreensão. O mesmo se pode afirmar de *eventos* do passado, que tiveram ao longo dos anos sucessivos efeitos surpreendentes e não imaginados pelos que os viveram e experimentaram. A história das *consequências* desses eventos pertence ao mundo dos que os consideram anos depois, levando-os a compreender esses mesmos fatos históricos sob novas luzes que revelam fortemente seu significado, devido ao que ocasionaram na história humana. Poderíamos dar como exemplo a Revolução Francesa, vista por seus contemporâneos e considerada por nós hoje, já cientes de sua enorme repercussão na cultura e na sociedade do Ocidente.

3. Conhecimento e tradição

Assim, devemos reconhecer na *tradição* a mediação indispensável para compreendermos o passado, pois ela faz parte do nosso horizonte atual de compreensão, queiramos ou não. Não existe uma pura objetividade histórica, pois no conhecimento histórico tanto entra a realidade da história quanto a compreensão dela. Inserir um texto ou um fato em nosso horizonte de compreensão não significa deformá-lo, mas simplesmente "traduzi-lo" para hoje e, assim, compreendê-lo. Naturalmente, nessa tradição de leituras pode haver uma compreensão unilateral, ou mesmo falha, que desfigure o sentido original do texto ou do evento. Mas essa possibilidade não elimina a importância da tradição, que nos permite compreender o passado de modo mais rico e abrangente. Por outro lado, sempre é possível o confronto com a tradição e a rejeição ou correção de possíveis unilateralidades nela presentes. Por exemplo, somos herdeiros de uma tradição ocidental de pensamento originada na Grécia, que determina ainda hoje nossa visão do mundo, desdobrada ao longo dos anos em novas compreensões que muito nos enriquecem, embora tenham constituído um processo *seletivo*, dentre outras compreensões possíveis. E tal seleção nos permite descobrir lacunas ou ênfases exageradas, quando confrontadas com outras tradições.

Tanto a multiplicidade de versões oferecidas pela tradição quanto o inevitável processo seletivo nelas pressuposto nos demonstram que um evento ou um texto do passado sempre pode receber *novas* compreensões. Nunca poderemos atingi-lo perfeitamente em todas as suas possíveis relações de sentido, pois o entendemos sempre a partir de nossas específicas e limitadas perspectivas de leitura. Ele sempre diz mais do que a tradição o compreendeu. Naturalmente uma interpretação "clássica" que se impôs ao longo da história terá primazia em relação às demais, embora sem excluí-las, pois elas podem contribuir para a compreensão mais plena do evento ou do texto. De fato, a compreensão histórica tanto será mais plena quanto mais acolher novas relações de sentido.

4. A inevitável questão da verdade

Neste ponto de nossa reflexão não podemos evitar a difícil questão sobre a *verdade* de eventos ou de textos do passado. As sucessivas e variadas compreensões ao longo da história não impedem que possamos realmente chegar à verdade dos mesmos? Não nos resta senão aceitar uma pluralidade de verdades conforme seus horizontes de interpretação respectivos? Consequentemente, seriam textos ou eventos do passado de fato inacessíveis em sua realidade verdadeira? Esta questão nos pede uma indispensável reflexão sobre a noção de verdade.

Comumente a definimos como a correspondência entre a inteligência e a realidade, a saber, o conceito representa a realidade, está nela fundamentado. Em outras palavras, o modo como é conhecido um objeto e o modo como realmente existe se correspondem. Portanto, a correspondência característica da ideia de verdade não é uma adequação entre coisas, mas uma correspondência entre uma operação (que apresenta o objeto sob certa perspectiva) e o que assegura a pertença efetiva da coisa a essa perspectiva. Ou melhor, aquilo que é afirmado como verdade não é algo totalmente objetivo, independente do sujeito que conhece, nem algo totalmente subjetivo, como se pudesse prescindir do objeto. A realidade é um *evento* no qual estão entremeados sujeito e objeto em mútuo condicionamento: o objeto determina o sujeito e este, o objeto.

Desse modo, a "realidade" subjacente à correspondência entre a afirmação do sujeito e o objeto já é *algo que não pode se encontrar fora dessa relação* (ou desse acontecimento), pois é exatamente o ponto no qual o momento subjetivo e objetivo se mostram idênticos. Portanto, a realidade não é um mundo objetivo dado previamente, nem se fundamenta em algo posto pelo próprio sujeito. A realidade é antes uma relação que acontece quando sujeito e objeto se encontram entrelaçados, um com o outro, num condicionamento mútuo: o sujeito é determinado pelo objeto, assim como este determina aquele. Esse acontecimento representa um processo.

Daqui resultam consequências importantes, seja para a compreensão da realidade, seja para a compreensão da verdade, pois, mesmo partindo do pressuposto básico de que a realidade é "aberta" (inteligível), podemos encontrar *diversas modalidades* dela, conforme o *acontecimento* antes descrito. Aqui se encontra implícito que a realidade se apresenta sob modos de existir diversos, correspondentes aos diferentes modos de acesso a ela. Modos de existência e modos de acesso são dois momentos do *acontecimento* em estrita simetria: tal o acesso, tal o modo de existir, e vice-versa. No fundo, são os dois lados de um único processo. Portanto, a realidade só é conhecida no interior de um horizonte de compreensão.

Os modos de existir diversos não são algo *exterior* ao objeto, ou algo *atrás* do qual ele estivesse escondido, pois nesse caso não mais seriam modos de existir *do objeto*. Pode haver diferenças entre os variados modos de existir, mas nunca entre o modo de existir e o objeto. Os modos de acesso representam a *perspectiva* no interior da qual o objeto é abordado e em conexão com a qual a realidade se manifesta e é afirmada como verdade. Desse modo, a sucessiva percepção de conteúdos de sentido ao longo da história pressupõe que provenham da própria realidade e correspondam de certo modo à mesma.

5. A verdade se desvela na história

Podemos expressar o mesmo dizendo que a verdade lógica, a verdade do conhecimento, implica que a realidade seja inteligível, cognoscível, manifestando-se diversamente quando atingida por abordagens provindas de horizontes diversos. Desse modo, a verdade da realidade, a verdade ontológica, precede e fundamenta a verdade de suas manifestações históricas, as quais a desvelam num processo histórico. Tais manifestações, que devem corresponder ao sentido do evento ou do texto histórico, podem fazer emergir compreensões implícitas inacessíveis ao próprio autor, devido à limitação de seu horizonte de compreensão.

Observemos ainda que a noção bíblica de verdade também implica um processo que se assemelha muito ao processo até aqui descrito. Realmente a Bíblia não apresenta o conceito grego de verdade. Seu horizonte de compreensão é outro, sua preocupação primeira é de ordem salvífica. O vocábulo *emet* significa basicamente "firmeza, consistência, fidelidade" (entre pessoas). Palavras humanas são *emet* ao se comprovarem como dignas de confiança. Essa confiança corresponde à concepção bíblica de *fé*, que diz firmar-se em algo, ganhando assim consistência. Ter fé em Deus, apoiar-se em Deus, confiar em Deus significa ganhar fundamento e consistência na vida.

Com isso, a verdade na concepção hebraica não é uma noção que prescinda do tempo, pois deve sempre *acontecer*, porque a verdade se comprova e acontece na história. Este traço falta no conceito grego clássico de verdade, que não *acontece*, mas simplesmente *é*, mantendo a identidade no mundo mutável; daí que verdade grega se oponha à mudança. A verdade bíblica não se manifesta em sua plenitude mediante um processo racional que leva ao *logos*, mas por meio da confiança na fidelidade de Deus. Essa fidelidade se comprova ao longo da história e pressupõe naquele que crê uma confiança *aberta ao futuro*, quando então Deus se revelará fiel em outras circunstâncias e situações. Tal confiança, por sua vez, se apoia também na *história passada* da fidelidade divina como garantia de sua continuidade no futuro. Daí se conclui que a noção bíblica de verdade não pode ser estabelecida por meio da razão (*logos*), pois deve se comprovar de novo no futuro, sendo acessível à fé que se lança confiante, abarcando o futuro.

Certamente não podemos deixar de constatar aqui uma clara diversidade entre a noção bíblica e filosófica de verdade. De fato, *emet* não reproduz o conceito grego, mas não se pode negar que o pressupõe, pois os feitos de Deus na história são pressupostos como objetivamente verdadeiros no sentido grego, assim como nas expressões neotestamentárias do evangelista João: "Eu sou a verdade" (Jo 14,6) ou "praticar a verdade" (Jo 3,21), que não se limitam a expressar meramente um estado de ânimo subjetivo ou uma situação existencial.

A transformação que experimentou a noção filosófica de verdade, sobretudo na percepção de sua historicidade, nos leva a concluir que, sendo a verdade una, sua unidade só poderá se dar ao longo do tempo como a história da verdade. A própria verdade tem assim uma história, ou seja, só a *totalidade da história* deixa aparecer a verdade em sua plenitude. Essa compreensão se aproxima

A Igreja em transformação

da concepção bíblica: primeiramente por negar uma verdade imutável, fora do tempo, e afirmar que ela se realiza num processo histórico; em seguida, por afirmar que só no final do processo aparecerá a unidade da verdade e o sentido correto de cada momento.

6. A verdade cristã

Aqui já aparece o *status* epistemológico peculiar da *verdade cristã*, pois, embora se refira a um evento do passado, a saber, a revelação definitiva de Deus em Jesus Cristo, essa verdade não pode ser contida num conceito, mas é acessível à fé enquanto ela confia e apoia-se no Deus que virá em plenitude no futuro. A ressurreição de Cristo é decisiva para a fé cristã, como bem observou São Paulo. Ela antecipa em Jesus Cristo o irromper do Reino de Deus definitivo e inaugura para os cristãos a possibilidade de participarem um dia da mesma realidade.

Desse modo, a verdade cristã se opõe a qualquer tipo de *dogmatismo*, como infelizmente já se deu no passado e atualmente ainda pode ser constatado em alguns grupos na Igreja. Estes últimos ignoram que as verdades da fé estão caracterizadas pelo "já" e pelo "ainda não". "Já" porque, em Jesus Cristo, temos a revelação definitiva de Deus; "ainda não" porque não temos essa verdade em toda a sua plenitude. A distância entre Deus e nós apenas nos permite expressá-lo de modo análogo e fragmentário. Como bem observou São Paulo: "Agora vemos como num espelho, confusamente; mas, então, veremos face a face.

Agora, conheço apenas parcialmente, mas, então, conhecerei completamente, como sou conhecido" (1Cor 13,12).

Ou como explica um documento do magistério eclesiástico: "A plenitude da verdade recebida em Jesus Cristo não dá aos cristãos, individualmente, a garantia de terem assimilado de modo pleno essa verdade" (DA 49). Nem individual nem coletivamente, acrescentamos, porque na tradição dos Apóstolos "cresce, com efeito, a compreensão tanto das coisas como das palavras transmitidas", de tal modo que a Igreja "tende continuamente à plenitude da verdade divina" (DV 8). A verdade cristã se refere não só à realidade do evento Cristo que já se deu como também à mesma realidade que virá, a qual é acessível à fé confiante na fidelidade de Deus. A abertura da realidade fundamenta a historicidade da verdade sem, entretanto, a relativizar.

Duas teses da Comissão Teológica Internacional, em seu documento sobre o pluralismo teológico, confirmam o que afirmamos. A primeira diz: "A unidade e a pluralidade na expressão da fé têm seu fundamento último no mistério mesmo de Cristo, o qual, por ser mistério de recapitulação e reconciliação universais (cf. Ef 2,11-22), excede as possibilidades de expressão de qualquer época da história, prescindindo, por isso, de toda sistematização exaustiva (cf. Ef 3,8-10)". A outra esclarece que "a verdade da fé está ligada a seu caminhar histórico a partir de Abraão até Cristo, e de Cristo até a parusia. Por conseguinte, a ortodoxia não é um assentimento a um sistema, mas participação no caminho da fé e, desse modo,

A IGREJA EM TRANSFORMAÇÃO

participação no eu da Igreja, que subsiste una por meio do tempo e é o verdadeiro sujeito do Credo" (CTI, *O pluralismo teológico*, 17).

Como só podemos ter a verdade infinita de Deus na limitação das palavras humanas, estas últimas apontam corretamente para o mistério sem a pretensão de esgotar sua compreensão. Assim, temos o *todo no fragmento*, a verdade da fé no instrumental linguístico que dispomos e a partir do nosso atual horizonte de compreensão. Nenhum conceito, estrutura mental ou jogo de linguagem pode reivindicar *a priori a mediação exclusiva* da articulação da fé. Afirmar a definitividade da revelação de Deus em Jesus Cristo, já que o Reino definitivo irrompe em sua pessoa e tem sua realização antecipada em sua ressurreição, não exclui que a *expressão* dessa verdade possa se desvelar ao longo da história, aprofundando-se, esclarecendo-se e completando-se a partir das várias perspectivas e leituras subsequentes. Aqui já aparece a importância tanto da consciência histórica quanto da hermenêutica para a compreensão do cristianismo.

7. A atuação do Espírito Santo

Entretanto, temos que contar com mais um fator que incide fortemente na compreensão do cristianismo como um processo histórico sempre em andamento. Trata-se de uma realidade meta-histórica, identificada e acessível somente pelos que creem na revelação de Jesus Cristo, embora as consequências de sua ação no interior da história estejam ao alcance do conhecimento humano. Estamos nos referindo ao *Espírito Santo*, sem o qual o cristianismo nem mesmo existiria. Para entendermos sua importância no cristianismo, começaremos aludindo a verdades fundamentais que o caracterizam, ainda que breve e sinteticamente.

O Espírito esteve sempre presente e atuante na vida de Jesus. De fato, a experiência que Jesus faz do Espírito por ocasião de seu Batismo (Mc 1,10) dá início à sua vocação messiânica e à sua missão. Nesse Espírito que lhe foi dado sem medida (Jo 3,34), Jesus experimenta uma relação especial com Deus como seu Pai, dispondo da força de Deus que lhe possibilita expulsar demônios e curar enfermos, perdoar pecadores e socorrer pobres, enfrentar incompreensões e conflitos, até sua paixão e morte de cruz. Esse Espírito o animou, inspirou e fortaleceu continuamente ao longo de sua vida, libertou-o da morte (Rm 1,1-4) e tornou-o uma presença viva na comunidade cristã.

Também nós não poderíamos conceber essa presença sem a ação do Espírito Santo atuante já no ato de fé em Jesus Cristo (1Cor 12,3), habitando nos cristãos (Rm 8,9), permitindo-lhes invocar Deus como Pai (Rm 8,15; Gl 4,6) e sustentando sua esperança de vida eterna (Rm 8,11). Mesmo a Palavra de Deus só pode ser captada e acolhida como tal pela ação prévia do Espírito Santo (At 16,14), também responsável pela modalidade de vida dos cristãos: "Se vivemos pelo Espírito, andemos também sob o impulso do Espírito" (Gl 5,25). A atividade missionária da

Igreja é provocada, sustentada e orientada pelo Espírito Santo (At 11,12; 15,28). Esse Espírito acompanha sempre a Igreja, segundo a promessa de Cristo (Jo 14,16), conduzindo-a à "verdade plena" (Jo 16,13). Também do ponto de vista institucional, o Espírito Santo atua ao inspirar uma pluralidade de carismas que caracterizariam as primeiras comunidades (1Cor 12,4-7).

Reconhecer a atuação contínua do Espírito Santo nos fiéis e na Igreja pede do cristão e da Igreja atenção e acolhida às possíveis inspirações do Espírito, que podem deixá-los desconsertados e perplexos, pois os caminhos de Deus não são os caminhos dos homens (Is 55,8). Igualmente nas palavras de Jesus a Nicodemos: "O vento sopra aonde quer e ouves a sua voz, mas não sabes de onde vem, nem para onde vai. Assim acontece com todo aquele que nasceu do Espírito" (Jo 3,8). Ou como expressa Paulo: "O Senhor é o Espírito e onde está o Espírito do Senhor, aí está a liberdade" (2Cor 4,17). Portanto, não devemos extinguir as iniciativas do Espírito, mas examiná-las para discernir sua autenticidade (1Ts 5,19-21).

8. Espírito Santo e renovação eclesial

Sem dúvida alguma a atuação contínua do Espírito Santo no cristianismo, na fidelidade à sua missão de promover o Reino de Deus, trará sempre novas perspectivas de compreensão, novas iniciativas de ação e novas estruturas institucionais, sempre em vista do projeto do Pai revelado na vida de Jesus Cristo. Esse fator, de cunho meta-histórico, impedirá que o cristianismo se fossilize e se torne arcaico, ou apareça como quase inacessível para gerações posteriores. Sua atuação desautoriza tradições históricas, condizentes com contextos e situações do passado, embora de pouco sentido para a atualidade, mas consideradas intocáveis.

Se fôssemos indagar a razão do que afirmamos, deveríamos ter presente que a atuação do Espírito Santo não acontece num "vazio antropológico", num ser humano em geral, pois este simplesmente não existe. Todo ser humano se encontra inserido num contexto sociocultural, num momento histórico, dispondo, por conseguinte, de uma linguagem própria, mas limitada, na qual necessariamente se expressarão as verdades de sua fé. Seu "mundo" entra inevitavelmente em sua compreensão da fé, em suas expressões ou na própria organização institucional de sua comunidade eclesial. Devido a este fato, não podemos condenar uma formulação ou alguma prática do passado como falsa sem mais, pois as vemos através de um horizonte de compreensão posterior do qual eles não dispunham. Mesmo a *linguagem mítica* tem um valor simbólico, pois nos fala do *sentido*, muitas vezes silenciado na racionalidade atual da eficácia e da lógica produtiva.

Tal fato não nos dispensa de ouvir o Espírito Santo, que nos fala através de pessoas, de eventos, de novas compreensões da fé, enriquecendo a Tradição da Igreja (DV 8), caracterizando-a como uma Tradição viva e criativa. A renovação deve atingir sejam as mentalidades e expressões, sejam as celebrações e estruturas, pois elas se condicionam mutuamente. A permanência de uma modalidade de estrutura já obsoleta dificulta muito que haja uma real mudança na mentalidade dos fiéis, e vice-versa. Desse modo, por exemplo, a liturgia tanto pode ajudar como dificultar as novas iniciativas do Espírito. Não esqueçamos que a Igreja tem essencialmente uma índole sacramental: deve deixar transparecer em sua realidade a salvação de Jesus Cristo, a realização do Reino de Deus, o projeto do Pai de uma humanidade vivendo na justiça e na fraternidade. Entretanto, ela só poderá ser sinal se for devidamente captada e entendida por seus contemporâneos.

No ponto aonde chegamos, já podemos entender por que o cristianismo, ou a Igreja, constitui um *organismo vivo* se transformando ao longo da história para poder manter sua identidade de Povo de Deus ou de comunidade de fiéis na realização e na proclamação do Reino de Deus. Vimos que, não só como realidade histórica como também por estar vivenciada pelo Espírito Santo, ela deve estar aberta aos novos desafios, às novas linguagens, às novas modalidades de organização social. Nenhum de nós pode duvidar que, diante da espantosa evolução dos meios de comunicação social, a Igreja deverá se adaptar, em sua linguagem, em sua ação missionária e mesmo em sua estrutura, aos novos questionamentos que surgem desse fato. Voltaremos a este tema mais adiante.

O TESTEMUNHO DA HISTÓRIA

O objetivo deste capítulo não é apresentar a história da Igreja em toda a sua amplidão, mas simplesmente comprovar com fatos ocorridos a inevitável *evolução do cristianismo* ao longo dos anos, decorrente de sua historicidade e da ação contínua do Espírito Santo. Veremos primeiramente as mudanças institucionais e mais adiante a evolução doutrinal. Enquanto *instituição*, a Igreja se viu confrontada com diversos fatores, relacionados entre si, que inevitavelmente provocaram suas transformações históricas. A razão é simples. Enquanto comunidade incumbida de levar adiante a missão de Jesus Cristo na proclamação e na realização do Reino de Deus, sendo assim "sinal ou sacramento da salvação" para a humanidade, a Igreja deve, portanto, ser entendida como tal pela sociedade, deve deixar *transparecer institucionalmente* sua realidade de "comunidade cristã", seguidora de Cristo e animada pelo Espírito Santo (2Cor 13,13). Não basta afirmar teologicamente o que não pode ser comprovado visivelmente, pois tal fato significaria certamente perda de credibilidade.

1. A necessidade de mudanças institucionais

O imperativo de ter que manifestar o que ela é ocasionará necessariamente mudanças decorrentes das transformações sucessivas em seu entorno sociocultural. Ela mudará para manter sua identidade num outro contexto, dotado de outra linguagem, para poder ser vista como instituição significativa a partir da organização social vigente e familiar a determinada época. Mas sabemos também que nem sempre os diversos elementos institucionais traduzem a finalidade salvífica própria de uma comunidade cristã, voltada para a implantação do Reino de Deus. Isso porque tais elementos também podem ser fruto da limitação humana e do pecado, da vaidade e da vontade de poder, exigindo reformas sucessivas no curso da história. Além disso, enquanto animada, conduzida, vivificada pela atuação contínua do Espírito Santo também em seu âmbito institucional, como vimos anteriormente, ela deverá estar aberta às inspirações de Deus e aos "sinais dos tempos", desde que devidamente identificados por respectivos discernimentos.

Para tal selecionamos alguns fatos ocorridos no passado, sem pretensão alguma de sermos completos, e sem maiores preocupações em inseri-los devidamente em seu contexto histórico, tarefa que tornaria demasiado

A IGREJA EM TRANSFORMAÇÃO

extenso este capítulo. Importante aqui é perceber como o entorno histórico, seja linguístico, seja institucional, provocou novas expressões e novas estruturas para que a fé cristã pudesse ser captada e vivida tanto pessoal como comunitariamente.

2. Transformações nos primórdios do cristianismo

Costumamos afirmar que a Igreja teve seu nascimento no evento de Pentecostes, constituída pelos judeus que se encontravam em Jerusalém e que acolheram a pregação dos apóstolos sobre Jesus Cristo (At 2,41s). Eram judeus, circuncidados, observantes da lei, frequentadores do Templo, que também no domingo celebravam numa refeição a ressurreição do Senhor. Peregrinos, vindo do exterior, voltavam para suas terras como judeo-cristãos e nelas fundavam novas comunidades. Paulo terá grande importância do ponto de vista *doutrinal* no nascimento do cristianismo. Provindo de ambiente helenista, fariseu bem formado nas Sagradas Escrituras, voltado em sua atividade evangelizadora para a região dos gentios, experimentou a tensão entre judeo-cristãos e gentio-cristãos, motivada pela obrigação ou não de se cumprir a lei judaica, sobretudo referente à circuncisão. Este fato criou tensões e divisões que só terminarão com a destruição de Jerusalém no ano 70 e com a aceitação da teologia paulina nos anos seguintes.

49

Mas, também do ponto de vista *institucional*, podemos apontar mudanças bem no início da Igreja, pois já encontramos no Novo Testamento formas diversas de vida comunitária e de organização eclesial. A configuração eclesial das *Cartas Pastorais* enfatiza a autoridade na comunidade devido à ameaça das heresias. Já a organização eclesial descrita nos *Atos dos Apóstolos* apresenta uma comunidade que participa ativamente nas decisões, embora respeite o papel dos pastores. As *Cartas Paulinas* nos oferecem uma comunidade composta de judeus e não judeus, capaz de cuidar de si própria na obediência à ação do Espírito Santo, que distribui seus dons e carismas específicos em vista da ordem e da edificação da própria Igreja.

No período dos anos 180 até 260, a necessidade de gerir um cristianismo de massa e cada vez mais numeroso, o perigo das heresias, bem como a urgência de identificá-lo como grupo social ocasionarão o aparecimento do monoepiscopado de cunho mais "sacerdotal", além do surgimento do "clero" enquanto distinto do laicato. Constata-se a influência do funcionalismo civil na hierarquia eclesiástica juntamente com noções do Antigo Testamento, herança que será consolidada no tempo de Constantino. A partir de Irineu, a referência a uma transmissão histórica e a uma ligação com os apóstolos se tornará um componente essencial do poder do bispo. Também os numerosos carismas se veem reduzidos ao martírio e à confissão de fé, sendo que a distinção veterotestamentária sagrado-profano é acolhida no cristianismo. Portanto, o cristianismo nessa época se organiza enquanto institui-ção social em vista do *culto*. Este se caracterizará como culto sacrifical na linha do sacrifício de Jesus Cristo e em reparação e expiação pelos pecados da humanidade. Consequentemente, ocorre uma mudança nas comunidades cristãs: marcadas no passado pela alegria e pela liberdade, passam a ser caracterizadas pelo temor e pela tristeza. Certamente também houve uma mudança na "santa comunidade sacerdotal" (1Pd 2,5), unida para oferecer a Deus "um sacrifício vivo" e um "culto espiritual" (Rm 2,1), deixada em segundo plano pelo sacerdócio ordenado, sendo difícil julgar se por razões históricas ou teológicas, ou simplesmente por ambas.

3. O cristianismo como religião oficial do Império Romano

Ao se tornar a religião oficial do Império Romano, o cristianismo teve que assumir as características próprias de uma religião, tal como era vista naquele tempo. Daí a formação de uma classe clerical com seus privilégios, a sacralização de pessoas, objetos, espaços, ritos, estruturas e a crescente importância de categorias jurídicas. Também o modelo de evangelização vigente até o século IV, através de relações pessoais, cede lugar às determinações das autoridades eclesiásticas apoiadas no poder civil, deixando em segundo plano a opção livre da fé. O regime político cristão significava o domínio do coletivo sobre o pessoal e da lei sobre a liberdade da fé. Daí por diante a difusão da fé estará estreitamente ligada à máquina cultural, social e política, como demonstra a história posterior. Consequentemente, a hierarquia buscará boas relações com o poder civil, propiciando conivências ambíguas, bem como certa mundanização de prelados, que atingirá a Igreja nesse período de cristandade. Naturalmente, como sabemos, também o poder civil utilizava a Igreja para realizar sua missão. Essa união tornava qualquer dissidência religiosa também uma rebeldia cultural e civil, pois, sendo a religião o suporte da ordem social, representavam os hereges e cismáticos, como também os membros de outras religiões, uma ameaça ao regime político em sua unidade. Como resultado, havia forte controle social por parte dos dois poderes, que garantia a conservação da Europa cristã. De qualquer modo, alguns inferem desse fato histórico a propensão de a Igreja lidar com regimes fortes, ditatoriais mesmo, e sua dificuldade em se relacionar com sociedades democráticas, quando estas surgiram. Daí que alguns afirmem, considerando esse passado, que a Igreja foi "configurada" mais por exigências históricas do que por razões teológicas. Entretanto, a tendência a sacralizar estruturas, prescrições e decisões então vigentes dificultará sobremaneira uma renovação eclesial futura.

Também não podemos deixar de mencionar a influência do modelo político de governo próprio do Império Romano sobre a instituição eclesial, como a demarcação de territórios diocesanos ou paroquiais. Além disso, a ameaça dos bárbaros diante do enfraquecimento do

A IGREJA EM TRANSFORMAÇÃO

poder político do Império levaram os papas a defender seus fiéis, ganhando assim um poder maior, também de cunho político, como figuras do porte de Leão Magno e de Gregório Magno. Por outro lado, preocupados em administrar os Estados Pontifícios em meio a lutas de poder e intrigas palacianas, os papas se afastaram da mensagem evangélica, seguidos pelos bispos, mais ocupados com o governo das cidades do que com a assistência aos camponeses. Sem dúvida, os monges tiveram importante papel nessa época por sua espiritualidade e fervor, sendo que os melhores bispos saíam de suas comunidades. De qualquer modo, mais tarde, a coexistência de duas autoridades com plenos poderes não deixou de gerar conflitos, pois os príncipes se preocupavam em estabelecer condições de vida cristã, intervindo, por exemplo, nas nomeações episcopais, enquanto os papas procuravam controlar a vida política em vista da promoção do Reino de Deus. Com a diminuição do poder externo dos papas nos séculos seguintes, o sucessor de Pedro ganhou maior autoridade no âmbito interno da Igreja.

A reforma empreendida pelos papas para combater a simonia também terá sequelas até nossos dias. O primado pontifício sai reforçado (nomeações episcopais são reservadas ao Papa), o ideal de um sacerdócio casto, desinteressado e santo para instruir o povo e administrar os sacramentos começa a se concretizar, bem como o controle da sã doutrina, já que se considera a verdade como caminho salvífico. Os sacramentos aparecem mais em seu aspecto medicinal, numa sociedade moralmente

53

pessimista, os fiéis são considerados pouco instruídos, requerendo uma estrutura hierárquica firme, e os bispos perdem força por pertencerem à classe dos nobres, com seus interesses próprios. Essa configuração gregoriana permanece na época medieval e chega até nossos dias, sendo que o poder pontifício não se limitava ao âmbito espiritual. Já Santo Agostinho havia desenvolvido a ideia da "guerra justa", justificando o uso de força contra os hereges, a qual servirá então para justificar as guerras santas posteriores, sejam as Cruzadas, sejam os exageros da própria Inquisição.

4. A Igreja como sociedade perfeita

Nesse período de cristandade, desenvolve-se no Ocidente uma eclesiologia jurídica, caracterizada pelas teses de direito público eclesiástico, que, posteriormente, toma o lugar de uma concepção de Igreja mais mistérica e sacramental. O papado será concebido como um poder entre outros poderes. As estruturas de catolicidade horizontal (via conciliar) serão substituídas pelas de catolicidade vertical (centralização na Cúria Romana), aparecendo a Igreja, em alguns textos da época, como uma grande diocese, sendo os bispos vigários do Papa, impossibilitado de governar. Assim, tem lugar uma crescente centralização, que vai de par com uma progressiva uniformidade jurídica e litúrgica. A própria noção de Igreja sofre uma mudança semântica: ela se limita a seus membros eclesiásticos e a sua estrutura, distinguindo-se, assim, do povo cristão. Na medida em que o cristianismo se desenvolveu para uma religião dominante, sua sobrevivência se deveu menos à força convincente de sua mensagem e mais às relações de poder de cada época.

Importante para entender a atual configuração eclesial, e mesmo certo desconforto em relação à *cultura moderna*, foi o confronto entre as autoridades eclesiásticas e a modernidade, já incipiente no século XIII, devido à compreensão que a Igreja tinha de si própria como entidade salvífica que concebia a humanidade de modo pessimista, pois considerava a liberdade humana debilitada pela propensão ao pecado. Daí a importância das autoridades eclesiásticas na oferta das verdades salvíficas e do perdão dos pecados. Além disso, a Igreja se apresentava como única intérprete do direito natural que todos na sociedade deveriam seguir. Já a *modernidade* partia da razão humana, tanto na compreensão da fé (podia-se errar) quanto no âmbito sociopolítico, dando espaço à liberdade e à responsabilidade (podia-se dissentir). Em consequência disso, compreende-se, em parte, a reação negativa da hierarquia, que via na liberdade de consciência um perigo para a salvação eterna dos seres humanos, respondendo a esse desafio com um controle intenso e vigilante.

A sociedade despede-se definitivamente dessa época, mais conhecida como a era da *cristandade*, ao se configurar como uma sociedade pluralista devido à emergência de setores do conhecimento independentes de qualquer tutela de cunho religioso. A Igreja ainda tenta manter "redutos" de cristandade nos colégios, universidades, hospitais e asilos católicos, hoje de eficácia reduzida pela entrada do pluralismo em seu interior, através de alunos e professores, profissionais e beneficiados dotados de mentalidades e credos diferentes. A separação entre a Igreja e a sociedade moderna prejudicou a ambas. A sociedade se viu privada da enorme riqueza da tradição cristã, que oferecia valores substantivos e orientações básicas de sentido, ausentes numa cultura prisioneira do individualismo e da hegemonia do econômico, que dominam os demais setores da vida. Por sua vez a Igreja, fechada em si mesma, perdeu em significação e pertinência para as novas gerações, incapaz de dialogar com os novos padrões culturais e proclamar sua mensagem numa linguagem e numa prática exigida pelo momento histórico.

5. O Concílio Vaticano II

João XXIII, como arguto historiador da Igreja, percebeu a situação e convocou o Concílio Vaticano II, levando a Igreja a dialogar com a sociedade, com as demais Igrejas e religiões, reconhecendo seus valores e conquistas, e assim atualizando a si própria (*aggiornamento*) pela melhor compreensão de si mesma, recuperando verdades e valores silenciados ou esquecidos em sua tradição mais recente. Observemos, entre parênteses, que o período agitado do pós-concílio ocasionou medidas por parte das autoridades eclesiásticas que certamente limitaram as consequências institucionais ou pastorais desse Concílio.

De qualquer modo, constatamos que a excessiva centralização do governo na Igreja, herdada do passado, se verá equilibrada pela *colegialidade episcopal* e pela valorização das *Igrejas locais*, recuperando verdades vividas no primeiro milênio do cristianismo. Nessa linha ganham importância as diversas modalidades de Assembleias Episcopais, nacionais ou regionais (CNBB, CELAM). Também os Sínodos Romanos nesse período pós-conciliar, apesar de não realizarem o que deles se esperava pelo modo como eram organizados, sempre constituíam uma oportunidade de abordar questões eclesiais com a participação de bispos vindos de diversas partes do mundo. Corrigindo a imagem do laicato como massa passiva na Igreja, reconhece-se sua importância na missão evangelizadora, pela criação de instituições como os conselhos pastorais e paroquiais, onde os leigos podem se manifestar, embora ainda só como instância consultiva. Nessa mesma linha se entende a emergência, na Igreja, do diaconato permanente, que rapidamente floresceu em muitos países do mundo.

6. A evolução doutrinal

Entretanto, as transformações não se limitaram ao aspecto institucional da Igreja, porque também se deram na própria *compreensão da fé cristã* ao longo dos anos; e não só em virtude da necessidade de novas linguagens e expressões, mas também devido a uma evolução na própria compreensão da fé. Portanto, não se trata apenas de uma inculturação da fé em novos contextos socioculturais, tal como hoje concebemos, mas realmente de um aprofundamento da verdade cristã, ampliando seus limites, possibilitando novas relações, fazendo emergir elementos latentes ou implícitos até então desconhecidos, ou ainda recuperando outros esquecidos pelas gerações anteriores.

Já encontramos no próprio Novo Testamento compreensões da pessoa de Jesus Cristo que apresentam ênfases e perspectivas diversas, seja nos Evangelhos, seja nas epístolas paulinas. Tal fato se deve às diversas tradições recebidas e aos diversos contextos das comunidades cristãs. Paulo teve enorme influência no cristianismo primitivo, porque suas cartas foram escritas bem antes da redação dos próprios Evangelhos Sinóticos. Já aqui aparece como o cristianismo é uma realidade que incorpora sempre em sua identidade leituras e enfoques posteriores, desacreditando qualquer tipo de fundamentalismo religioso.

Paulo, como fariseu bem formado, abordará a mensagem cristã da vida, paixão e ressurreição de Jesus Cristo a partir de categorias próprias do judaísmo de então, que tinha no Templo, no culto sacrifical e na lei seus fundamentos principais. Desmascara primeiramente a observância da lei como instância salvífica decisiva, já que ninguém consegue cumpri-la perfeitamente. A salvação é gratuita, é dom de Deus, não pode ser exigida pela

A IGREJA EM TRANSFORMAÇÃO

observância dos mandamentos, e sim pela fé na misericórdia divina. Somente Cristo é o mediador entre a humanidade e Deus, nunca uma norma religiosa. Entretanto, a tentação da lei permanecerá contínua ao longo da história do cristianismo, já que muitos preferem a segurança das normas à insegurança do seguimento de Jesus, a ética normativa à ética do amor fraterno.

Paulo também fará sua leitura da morte de Cristo numa perspectiva do culto sacrifical, dando-lhe novo sentido, pois ele não aceita a necessidade do sacrifício como condição para conseguir o perdão de um deus vingativo, o que contrariaria sua teologia da salvação como dom de Deus e voltaria para a anterior lógica da retribuição (dou para receber), embora esta última, infelizmente, tenha penetrado no cristianismo posterior. Entretanto, na Carta aos Hebreus, certamente o texto mais judaico do Novo Testamento, o sacerdócio sacrifical de Jesus Cristo não é de cunho cultual (Hb 7,14), e sim existencial (Hb 10,4-7), consistindo num modo de vida entregue e solidário com os demais (Hb 7,13s). Ainda que os textos paulinos e os da Carta aos Hebreus possam oferecer ambiguidades, a ênfase no sacrifício é deslocada para a própria existência: assumir a vida de Cristo implica acolher as consequências desta vida, numa humanidade marcada pelo egoísmo, pela ânsia de poder e de honra.

Visto que o convite para o Reino, o perdão dos pecados e a ressurreição final são *dons gratuitos*, é exatamente esse excesso de amor misericordioso por parte de Deus que desacredita qualquer relação sacrifical própria da tradição recebida. Não foi Deus, mas as autoridades religiosas que condenaram Jesus à morte, pois os sacrifícios queridos por Deus são aqueles provindos da solidariedade e da busca por fazer o bem (Hb 13,16). Embora o vocabulário seja de cunho sacrifical, Paulo indica sempre que o culto agradável a Deus está na vida cotidiana (Rm 12,1s). Deus não quer os sacrifícios do passado, mas uma vida solidária como a de Jesus. Seu sacrifício não brotou de uma dívida a ser paga, mas como consequência de sua coerência e fidelidade à missão recebida, rejeitada por aqueles que o eliminaram. Atribuir erradamente a Deus a predeterminação da morte de cruz para aplacar a ira divina gerou as teorias da satisfação, a teologia da predestinação calvinista e parte do jansenismo moralista católico. Infelizmente ainda hoje, na cabeça de muitos, o cristianismo cedeu ao peso das leis e das normas religiosas, bem como do culto sacerdotal, em parte devido à pressão do contexto romano, como veremos adiante.

7. Cristianismo e pensamento grego

Naturalmente a linguagem semita com que se apresentava o cristianismo nascente constituía sério obstáculo para sua difusão em territórios fora da Palestina. Aí dominava a cultura grega com sua linguagem, sua concepção estática do tempo, sua noção de verdade, seus conceitos provenientes da filosofia platônica e aristotélica, que constituíam um horizonte de compreensão diferente, numa perspectiva metafísica e não histórica. Embora já deixe transparecer sua presença em textos do Novo Testamento, como em alguns textos joaninos e paulinos, haverá um enorme esforço dos primeiros apologetas por apresentar o cristianismo como a *verdadeira filosofia*, enquanto compreensão autêntica do universo, do ser humano, da história. É importante observar que, desse modo, o cristianismo não perde sua identidade, mas a torna acessível ao mundo não semita. Já se observou também que certa ênfase no aspecto doutrinal no início do cristianismo se deveu ao perigo dos teólogos gnósticos que o ameaçavam.

De fato, a difusão do cristianismo num contexto fortemente impregnado de *cultura grega*, na qual o *logos* aparece como a racionalidade que governa o mundo a partir de Deus, facilitará sobremaneira ver a encarnação do *logos* na pessoa de Jesus Cristo como revelação de Deus, enfim, como Deus; esta afirmação provocará debates posteriores (docetismo, adocianismo, modalismo, arianismo). Desse modo, para conseguir ser significativo nessa cultura ocidental, o cristianismo de raízes semitas começa a ser interpretado com categorias ontológicas, cujo horizonte de compreensão muito contribui para sua rápida difusão e caracterizará sua realidade até nossos dias. Certamente foi o primeiro caso do que hoje conhecemos como "inculturação da fé". Sua necessidade é evidente, já que a comunidade cristã só se constitui e se compreende com as representações mentais, as estruturas de pensamento, as categorias sociais, presentes e atuantes nos respectivos contextos socioculturais. Naturalmente, enquanto as categorias mentais e as instituições estão à disposição de cada geração, elas abrem novas perspectivas e *insights*, mas também fecham outras possíveis.

Assim, o *platonismo* enfatizará, na linha de uma anagogia espiritual, um voltar-se para Deus mais vertical, em detrimento do elemento temporal. A revelação como processo histórico não é valorizada, já que a visão helenista considera a história como espaço do provisório e do limitado. Também a influência do helenismo se fará sentir na representação de um Deus Uno, transcendente, responsável por tudo, ao qual o ser humano busca se unir. Para tanto, existem os intermediários do culto e os mediadores do político; fato este que terá consequências para a configuração religiosa e política da sociedade e que perdurará por séculos na cristandade ocidental.

Também o *estoicismo* teve forte influência no cristianismo. A perspectiva do Reino de Deus, do cuidado com os semelhantes se vê substituída por uma ação voltada ao sujeito em busca do aperfeiçoamento pessoal, através da ascese. Daí a centralidade da *virtude* na vida cristã, juntamente com a valorização do poder na organização eclesiástica depois do século III. A ética paulina se limita a atitudes subjetivas (1Cor 13,4-7), fundamentais para a convivência humana, mas não toca na ordem (ou desordem) social estabelecida, fonte de sofrimentos humanos, privando assim a noção do Reino de Deus de sua força transformadora da história, apesar da importância fundamental de sua teologia da justificação. Entretanto, o central para Jesus era a defesa da vida e da dignidade dos seres humanos, enquanto para Paulo era o domínio das paixões e dos desejos pelo prazer neles presente. Como consequência, haverá nos anos vindouros uma "moralização" do Reino de Deus e uma concentração numa ética da pessoa.

O processo histórico de *novas compreensões* da revelação cristã continuou constante nos séculos posteriores, em vista de responder às novas questões e aos novos contextos socioculturais. A entrada da filosofia aristotélica na Europa irá moldar profundamente o pensamento cristão, ocasionando as sínteses magistrais das Sumas Teológicas, embora com a perda da dimensão histórico--salvífica presente fortemente na Bíblia. Noções fundamentais no cristianismo, como graça de Deus, sacramento, revelação, cristologia, escatologia, serão enquadradas nas coordenadas aristotélico-tomistas, com repercussão até nossos dias.

8. Alguns exemplos de transformações realizadas

Aqui não é lugar de retraçarmos toda a longa trajetória de várias noções cristãs. Mencionaremos brevemente como a evolução que algumas sofreram no curso da história nos deixam insatisfeitos e nos estimulam a buscar uma compreensão mais próxima da revelação primeira. Assim constatamos hoje quão pobre é a noção escolástica da *graça divina* para caracterizar a riqueza e a complexidade da noção de salvação cristã expressa na noção de Reino de Deus. Não podemos mais imaginar a *revelação* que se deu no curso da história, por ação salvífica de Deus, como um pacote de verdades caídas já prontas do céu. A *cristologia* descendente das duas naturezas em Cristo se vê completada pela cristologia ascendente do Jesus da história, que enriquece substancialmente o que conhecemos do Mestre de Nazaré. Igualmente, à *Trindade* imanente (em Deus) vem se unir a Trindade econômica (na história salvífica), deixando transparecer claramente a dimensão salvífica do mistério de Deus.

Quem conhece a história do *sacramento da Penitência* sabe bem como este passou por mudanças substanciais em sua estrutura e em sua compreensão (penitência pública, tarifada, confissão auricular, celebração comunitária), as quais apresentaram ênfases especiais conforme as diversas épocas, mantendo, contudo, sua identidade básica. Podemos afirmar o mesmo do *sacramento da Eucaristia* como refeição fraterna, partilha de dons, sacrifício da missa, visibilidade eclesial, veneração da hóstia consagrada, devoção eucarística, adoração do Santíssimo; compreensões que surgiram ao longo dos anos.

Em nossos dias, como se encontra mudado o modo como consideramos as outras Igrejas ou denominações cristãs, ou mesmo como nos relacionamos com as demais religiões do planeta!

Também a história da *ética cristã* comprova que a consciência moral da Igreja foi se aperfeiçoando ao longo dos séculos, pois o Evangelho sofre sempre a influência dos padrões morais do contexto histórico e necessita de tempo para denunciar sua incompatibilidade com a mensagem cristã. Só assim podemos compreender certos fatos da história: a licença para eliminar os inimigos da fé, o uso da tortura na Inquisição, a permissão para o comércio escravagista, a falta de consideração pela dignidade da mulher, a proibição da liberdade religiosa, para citar algumas realidades do passado que, hoje, a Igreja devidamente condena. Quem naquela época poderia considerar uma falta moral a destruição da natureza devido às sérias consequências para a sobrevivência das gerações futuras? Um maior conhecimento do ser humano, fornecido pela medicina, pela psicologia, pela sociologia do conhecimento, pela antropologia cultural, levou a um progresso e a um juízo mais cauteloso na avaliação moral dos atos humanos, como nos mostra, por exemplo, a atitude da Igreja com relação aos suicidas. Consequentemente, a história é um fator importante no desvelamento da verdade.

9. O período pós-conciliar

Já no segundo milênio, a Igreja experimenta a dissolução da cristandade pelas primeiras conquistas das ciências, que conseguem emancipar-se da tutela eclesiástica; fato agravado, posteriormente, pela reforma protestante. A reação defensiva que assumiu resultou num aumento de poder do magistério eclesiástico, que buscou controlar fortemente a reflexão teológica, impedindo, assim, um diálogo necessário com a cultura da modernidade, vista então apenas negativamente como ameaça ao patrimônio católico tradicional e ao poder de uma instituição que havia reinado no passado. Esse clima de hostilidade poderia levar a Igreja a se tornar um gueto na sociedade moderna, impedindo a irradiação de sua mensagem.

João XXIII intuiu bem o absurdo dessa situação e convocou o Concílio Vaticano II, que, graças a uma plêiade de exímios bispos e teólogos, entrou em diálogo com a cultura moderna, recuperou as riquezas da teologia patrística, renovou a noção de revelação, reafirmou a Igreja como Povo de Deus, tornou o culto litúrgico mais próximo dos fiéis, promoveu o laicato e entrou em diálogo com outras comunidades cristãs e mesmo com outras religiões. Naturalmente a história seguiu seu curso e já aparecem novos desafios, provindos de novas problemáticas, como a globalização e a preservação do meio ambiente, ou mesmo a recuperação de conquistas do Vaticano II não devidamente efetivadas.

Em nosso país, a união da Igreja com a Coroa marcará a época colonial, quando então vigora o padroado e a Igreja se apoia fortemente no poder civil, resultando numa fragilidade institucional, numa pastoral de manutenção e numa descomprometida adesão ao catolicismo; realidades patentes com o advento da República. A crônica escassez do clero num país de dimensões continentais será compensada, em parte, pela piedade medieval vinda de Portugal, dando lugar a um catolicismo devocional (culto aos santos, procissões, peregrinações, festejos), ainda hoje presente na religiosidade popular. O Concílio Vaticano II e as Assembleias Episcopais do CELAM trouxeram novidades tanto institucionais quanto doutrinais para nossa Igreja. Assinalemos o papel da CNBB, o surgimento das CEBs, os Conselhos Diocesanos e Paroquiais, a maioridade do laicato, o reposicionamento da Igreja numa sociedade pluralista, como exemplos de mudanças de cunho institucional. Mas também podemos apontar, do ponto de vista doutrinal, a primazia da Palavra de Deus, a maior conscientização os pobres, a crescente sensibilidade pelas culturas locais, a maior abertura ao ecumenismo, a busca por formação teológica do laicato.

Vivemos hoje sob o pontificado do Papa Francisco e experimentamos mudanças institucionais e doutrinais que buscam caracterizar a Igreja como: missionária e descentrada; configurada pela colegialidade episcopal e pela sinodalidade de todos seus membros; respeitosa das diversas culturas; seriamente voltada para os pobres e marginalizados da sociedade atual; e, sobretudo, uma Igreja na qual ser cristão signifique ser missionário sem mais.

Embora conciso e incompleto, esse panorama histórico suficientemente confirma a argumentação do capítulo anterior, ao apresentar as sucessivas transformações estruturais e doutrinais ocorridas no passado. Tais mudanças não devem ser vistas negativamente. Ao contrário, elas atestam a *vitalidade e a fidelidade da Igreja* à sua missão numa sociedade sempre em transformação, para a qual ela deve anunciar a salvação de Jesus Cristo.

Entretanto, ela só conseguirá evangelizar se suas instituições e linguagens puderem efetivamente ser entendidas pela respectiva sociedade. Existindo sempre no interior da história, o imperativo da transformação contínua acompanha-a sempre.

Já que confessamos Jesus Cristo como o sentido último da história, então, tudo que acontece na história pode e deve ser visto na perspectiva cristã, tudo pede e exige uma reação efetiva por parte dos cristãos. O cristianismo acompanha a história, está inserido na história, manifesta sua identidade e sua importância ao partilhar os desafios, as transformações, os destinos da história. Como tão bem formulou o Vaticano II: "As alegrias e as esperanças, as tristezas e as angústias dos homens de hoje, sobretudo dos pobres e de todos os que sofrem, são também as alegrias e as esperanças, as tristezas e as angústias dos discípulos de Cristo" (GS 1).

RESISTÊNCIAS ÀS TRANSFORMAÇÕES EM CURSO

Constatamos até aqui, numa reflexão sobre o conhecimento humano e também sobre a história passada da Igreja, que transformações na instituição eclesial são simplesmente inevitáveis. Entretanto, deparamo-nos hoje com resistências às mudanças em curso na Igreja que geram desconforto, ansiedade, perplexidade, mesmo entre os católicos. Não podemos deixar de examiná-las, descobrir suas causas e submetê-las a uma avaliação de fundo. Trata-se de um mal-estar sempre presente na história tanto da humanidade quanto da Igreja que sempre emerge quando transformações sociais, culturais ou religiosas se impõem e começam a ser efetivadas. Poderíamos citar como exemplos a luta pelo fim da escravidão e do colonialismo, pela democracia, pela liberdade religiosa, pelos direitos humanos universais, num passado ainda próximo, bem como a campanha pela preservação do meio ambiente ou por uma ordem mundial não baseada somente no capital financeiro. As resistências logo aparecem e buscam deter as mudanças que urgem. Não é de admirar que o mesmo fenômeno aconteça na Igreja. Quais seriam as raízes da oposição às necessárias transformações, sejam elas relativas à compreensão da doutrina cristã, sejam elas concernentes à instituição eclesial? Sem a menor pretensão de sermos completos, podemos brevemente elencar algumas delas.

1. O poder na Igreja

Comecemos com a questão do *poder na Igreja*. Como vimos anteriormente, no momento em que os cristãos se organizaram em comunidades, a diversidade de seus membros e a ameaça das heresias, sobretudo da gnose, impuseram a presença atuante de uma autoridade que zelasse pela fé e pela ordem em seu interior. Era um carisma mencionado ao lado de outros (1Cor 12,28), mas que com o tempo absorveu os demais. O monoepiscopado nasce aqui e passa a constituir um elemento constitutivo das comunidades cristãs. Com o fim da perseguição aos cristãos e o reconhecimento do cristianismo como religião oficial, os dirigentes da Igreja assumem, por ordem do poder civil, um elevado *status* na sociedade, desfrutando, a partir daí, de grande poder, que se estenderia por séculos e traria prestígio e privilégios para bispos e padres. Contudo, sabemos que tal poder diminuiu sensivelmente na sociedade moderna, democrática e pluralista.

Já foi observado também que a diminuição do poder eclesiástico na sociedade ocasionou o aumento do poder no interior da própria Igreja. Houve uma centralização no governo eclesial bem diversa daquela do primeiro milênio. Como o clero experimenta sua esfera de influência diminuída na atual sociedade pluralista, alguns compensam essa perda com certo autoritarismo em seu âmbito de poder. Consequentemente, o imperativo de uma reforma na Igreja que diminua o poder da Cúria Romana, ou que reconheça de fato serem os bispos sucessores dos apóstolos, ou ainda que, fiel ao ensinamento e à conduta de Jesus Cristo (Mc 10,43-45), o ministério sacerdotal seja visto não como poder mas como serviço (diaconia), irá certamente suscitar resistências e oposições.

Isso porque a história nos demonstra que o poder sagrado pode se degenerar em autoritarismo, busca de privilégios, arrogância, encobrimento da insegurança pessoal etc.; degeneração essa agravada pelo fato de tais pessoas se apresentarem como representantes de Deus, urgindo o cumprimento da vontade divina. Aponta-se hoje como causa principal da condenação à morte de Jesus o fato de que ele desafiou o poder sagrado de seu tempo, que mantinha o povo submisso às suas ordens por meio da Lei a ser observada (fariseus), das tradições a serem vividas (escribas) e da obediência irrestrita às supremas autoridades civis (anciãos) e religiosas (sumo sacerdote), que compactuavam com o poder romano invasor. Todo o mundo religioso respaldava e sustentava o poder de um grupo dominante com seus privilégios e *status* social. Tais pessoas se distinguiam pela aparência em público, pela exigência rigorosa do cumprimento da Lei que nem eles observavam (hipocrisia denunciada por Jesus), pela vaidade de se considerarem exemplos para os demais. Ao proclamar um Deus da vida, um Deus voltado primeiramente para a pessoa humana, Jesus questionava normas e tradições e se tornava, assim, uma ameaça para o poder sagrado, devendo, portanto, ser eliminado.

Urge, portanto, compreender o ministério do clero como *serviço* à comunidade e não como degrau para poder, *status* e vantagens materiais. A volta, que se observa em alguns seminários, de valorização de características exteriores de prestígio e de poder, numa nostalgia pelo esplendor mundano de um passado que não mais voltará, pouco ajuda na tarefa primeira dos ministros ordenados, que é a evangelização de uma sociedade em crise. Nada prejudica tanto a proclamação do Reino de Deus quanto a persistência de uma casta clerical na atual sociedade, a qual não a entende e até a ridiculariza. O ministro é hoje avaliado pela sua competência e pelo seu testemunho de vida. A aliança de dignitários eclesiásticos com os mais ricos, colaboradores de suas obras religiosas ou sociais, explica a resistência a uma reforma que se apresenta com o ideal evangélico de justiça social e de crítica ao endeusamento do dinheiro (Mt 6,24).

2. A busca por segurança

Também já foi estudado que a resistência a transformações necessárias em face das mudanças na sociedade e na cultura provém em grande parte da *insegurança psicológica* que provocam nas pessoas (EG 49). Rejeitamos naturalmente o que modifica nossos hábitos adquiridos, nos põe diante de cenários novos e nos leva a pisar em terras desconhecidas. A reação tradicionalista, enquanto distinta da adequada valorização da tradição eclesial, da qual não pode prescindir nossa fé, constitui uma contradição com o sentido da Igreja, cuja missão é evangelizar o mundo no qual se encontra. Para tal deve conhecê-lo, seus valores e suas deficiências, suas linguagens e seus mecanismos, a fim de que a Palavra de Deus possa ser significativa, pertinente e devidamente acolhida por nossos contemporâneos. A tendência tradicionalista, bem como a fundamentalista, leva a Igreja a se tornar um gueto voltado para dentro de si mesmo, contrariando a finalidade missionária, que constitui sua razão de ser.

3. Um cristianismo de ritos tradicionais

Intimamente ligado à tendência tradicionalista, por valorizar demasiadamente as expressões, os ritos, as devoções, as obrigações e os procedimentos do passado, está um catolicismo sem grande incidência na vida pessoal e social. Contenta-se com os sinais, sem preocupação maior com o que eles próprios querem assinalar, não mediatizando, assim, um encontro pessoal com Deus. Daí a separação nefasta entre fé e vida que explica as injustiças e os sofrimentos presentes numa sociedade majoritariamente cristã, como comprovamos na América Latina. Naturalmente uma cobrança maior nesse particular, na linha do cristão missionário, tal como proclamou a Assembleia Episcopal do CELAM em Aparecida, incomodará a muitos que limitam sua fé a missas dominicais e a dízimos pagos regularmente. A fé como compromisso de vida para com o semelhante, qualquer que seja sua modalidade, é mais exigente e atinge a pessoa mais em sua vida cotidiana, implica uma opção séria da liberdade pessoal e qualifica uma existência como realmente cristã. Entretanto, essa constatação não exclui o enorme empenho de muitos cristãos em minorar os sofrimentos de seus contemporâneos, não só por ocasião de grandes desastres naturais, que permanecem no anonimato por não interessarem à mídia mais voltada ao sensacionalismo, como garantia de assistência e de retornos financeiros. Também reconhecemos a dificuldade constatada por muitos dos nossos contemporâneos de serem verdadeiramente cristãos missionários devido às resistências do próprio clero, que, temendo perder poder, pouco espaço de ação deixa para o laicato em busca de maioridade.

4. Estrutura mental estática

Outra fonte de resistência às transformações em curso brota do que vimos no início deste livro, sobre o

A IGREJA EM TRANSFORMAÇÃO

inevitável *horizonte de compreensão*, sempre presente e atuante no conhecimento humano, tenhamos nós, ou não, consciência dele. Consequentemente, por exemplo, os que consideram a verdade uma realidade fixa, imune ao tempo, base de juízos universais que simplesmente descredenciam outros possíveis, ignoram a historicidade do conhecimento humano, sempre situado no interior de um horizonte que é sempre parcial, histórico, aberto a novas perspectivas de leitura que o enriqueçam sem eliminar as aquisições do passado. Igualmente poderíamos afirmar com relação ao aspecto institucional da Igreja. Estruturas e procedimentos que nasceram no passado, coerentes com aquele contexto sociocultural, perdem sua pertinência num outro contexto histórico que as considera mais como obstáculo do que ajuda à missão da Igreja e "podem chegar a condicionar um dinamismo evangelizador" (EG 26).

As razões mencionadas, embora incompletas, já indicam que as transformações urgidas somente se realizarão, de fato, ao longo de um processo histórico que exige tempo, paciência e muita fé na ação do Espírito Santo, como nos demonstra o que se passou depois do Concílio de Trento e do Vaticano II.

75

URGÊNCIA E FUNDAMENTAÇÃO DAS TRANSFORMAÇÕES

A transformação eclesial que hoje experimentamos não resulta apenas das importantes e significativas mudanças socioculturais, ou ainda da inevitável e contínua busca do ser humano pela verdade, mas, sobretudo, da própria *fé cristã*. É o que veremos nesta parte do nosso texto, sem pretensão alguma de sermos completos ao enumerar tais fatores ou ainda de querermos ser exaustivos ao tratá-los. Não negamos que alguns deles nos incomodarão num primeiro momento, por indicarem uma nova compreensão da nossa identidade cristã, mais próxima ao Evangelho, mais exigente, porém mais significativa e estimulante, para afrontarmos a aventura que é a própria existência humana. Em vista da fundamentação aqui apresentada, deve também a Igreja rever sua ação pastoral em consonância com o apelo do Papa Francisco por uma conversão pastoral e missionária (EG 25-39). Embora intimamente entrelaçados, os temas a seguir serão tratados separadamente por razões de clareza.

1. Jesus Cristo e o Reino de Deus

Toda a fé cristã tem em Jesus Cristo seu centro e seu fundamento. Sua pessoa é o fator único e decisivo para qualquer compreensão ou estruturação do que conhecemos como o cristianismo. Consequentemente, embora estejamos tratando da Igreja, temos que remontar a Jesus de Nazaré em busca de critérios que nos ajudem a compreender a urgência das transformações em curso. Hoje é por todos reconhecida a importância da noção do *Reino de Deus*, para que possamos compreender a pessoa e a mensagem de Jesus Cristo, pois toda a sua atividade consistiu em proclamar e tornar realidade essa noção (Mc 1,15). Ainda que sem a precisão apresentada nos dias em que viveu Jesus, ela expressou sempre uma realidade almejada pelos judeus, baseada nas promessas divinas de um futuro de paz e de felicidade. A figura de um Messias vindouro para concretizá-lo ocupava a imaginação dos contemporâneos de Jesus. Apenas havia divergência quanto à modalidade de sua vinda. Viria como consequência de um fiel cumprimento da lei (fariseus), ou através de uma revolta armada (zelotes), ou ainda se deveria esperar pelo fim dos tempos (apocalípticos).

Contrariando tais expectativas, Jesus considera o Reino de Deus irrompendo em sua *pessoa*. Depois de ler na sinagoga um trecho do profeta Isaías, que aludia ao Reino futuro, afirma Jesus: "Hoje se cumpriu esta palavra da Escritura que acabais de ouvir" (Lc 4,21). Afirmação muito importante, pois significa que não podemos entender a pessoa de Jesus prescindindo do Reino de Deus, nem o que propriamente constitua esse Reino sem nele incluir o Mestre de Nazaré. Embora o próprio Jesus jamais nos ofereça uma definição deste Reino, ele está continuamente presente em suas palavras e em suas ações.

Reino corresponde aqui à soberania de Deus, que deve ser acolhida pelos seres humanos, não porque signifique poder, mas porque é amor incondicionado. Portanto, implícita na mensagem do Reino proclamada por Jesus está a imagem de Deus como Pai que quer o bem e a felicidade de toda a humanidade. E como o ser humano é essencialmente um ser social, que só pode ser feliz nas relações pessoais com seus semelhantes, o Reino de Deus aponta para a constituição de uma *sociedade humana alternativa* à sociedade que Jesus encontrou ao longo de sua vida. De fato, toda sua existência será lutar pela sociedade querida por Deus. Sua entrega ao Pai consistiu em acolher sua vontade e nela ter o critério supremo da sua própria existência, pois aprendemos da história que fatores que impedem a felicidade humana brotam sempre de uma rejeição ao projeto de Deus para a humanidade.

Daqui podemos entender o papel da Lei (Torá) e dos Profetas na educação do Povo de Deus, como povo eleito para levar aos demais o projeto de Deus para toda a humanidade. Tais ensinamentos e prescrições não se limitam à obediência a Deus e trato adequado com o ser humano como duas modalidades de conduta autônomas, já que amar a Deus significa acolher seu projeto de amor fraterno, e vice-versa. O culto a Deus só será autêntico se incluir o cuidado com o semelhante. Jesus foi bem incisivo nessa questão (Mt 15,4-6; Lc 10,29-37), expressa posteriormente pelo apóstolo João (1Jo 4,20s).

A sensibilidade de Jesus pelos seres humanos, sobretudo por aqueles que se encontravam em situações de sofrimento, de marginalização, de pobreza, de desprezo social, fica patente em suas palavras de acolhimento e em suas curas de enfermidades. O Reino de Deus acontecia em sua pessoa a tal ponto que podia exclamar com verdade: "Felizes os pobres, os famintos, os que choram" (Lc 6,20s). Seu ensinamento urgindo um cuidado maior com o outro, pregando o perdão fraterno, a partilha de bens, o respeito mútuo, até o amor do inimigo (Mt 5–7), indicava as condições para a realização efetiva do projeto de Deus para uma nova sociedade, para uma humanidade que constituísse realmente a família de Deus (Mt 12,46-50; Mc 3,31-35; Lc 8,19-21).

A opção contínua pela vida de seus semelhantes, que tornava realidade a vontade de Deus, sempre prioritária e decisiva para Jesus, vai levá-lo a relativizar normas e tradições sempre que estivesse em jogo a vida de seu interlocutor, sua reinserção na sociedade, sua libertação da carga dos pecados próprios, seu retorno à saúde e à dignidade humanas. Desse modo, faz milagres em dia de sábado, relativiza locais e pessoas sagradas, reconhecendo que dar vida à pessoa humana é mais importante que observar leis e tradições. Daí o *choque* que teve com os fariseus, escribas e, por fim, com as autoridades religiosas, que irão provocar sua morte prematura. Mesmo consciente do perigo a que se expunha, Jesus foi coerente até o fim com sua missão pelo Reino.

2. O Deus do Reino

Enquanto realizava a vontade daquele que ele chamava de Pai, Jesus revelava para seus contemporâneos *quem era Deus*, através de suas parábolas, de seus ensinamentos, de seu modo de acolher os pecadores, de seu trato com todos da sociedade, de sua predileção pelos mais pobres. Sendo assim, comeu com publicanos e pecadores (Mc 2,16) e perdoou a mulher adúltera (Jo 8,11). Revelou, assim, um Deus que ama incondicionalmente o ser humano, não porque ele cumpre a lei, mas simplesmente porque é ser humano (Mt 5,45), que se alegra com a conversão do pecador (Lc 15) e cujo amor vai além da lógica humana (Mt 20,1-15). O trato universal com todos seus contemporâneos, de modo especial com os mais desfavorecidos, nos mostra que todos são convidados a constituir o Povo de Deus e, assim, efetivar o Reino do Pai na história, mesmo que imperfeitamente.

Ainda que a transformação das pessoas e, consequentemente, da convivência social não apareça explicitamente nos textos evangélicos, temos de reconhecer que nos mesmos já encontramos as sementes de uma transformação social que redundaria numa comunidade marcada pela justiça e pelo amor, que tornaria a vida das pessoas menos difícil e penosa. A evangelização levada a cabo pelos primeiros cristãos afetou realmente a vida pública de então, derrubou barreiras entre classes, lançou as bases das modernas democracias e do reconhecimento dos direitos fundamentais de todo ser humano. As perseguições dos primeiros séculos atestam que o cristianismo incomodava o poder estabelecido porque atingia a organização social e até a figura divinizada do imperador.

3. A evolução histórica

No início, as comunidades cristãs, encarregadas de encarnar o Reino de Deus na história, traduziram a missão que lhes confiara Jesus Cristo (Mt 28,19), como a conquista de novos membros através do testemunho de vida e da pregação, sem uma preocupação explícita de mudar a sociedade, aliás, inviável diante do domínio inexorável e violento do poder romano. Ao se tornar a religião oficial do Império Romano, há um intenso trabalho de evangelização e conquista dos povos adeptos de outras religiões que irá transformar a Europa numa sociedade cristã. Devido ao crescimento acelerado da Igreja, que trouxe desafios a sua própria unidade, tanto de ordem doutrinal

A Igreja em transformação

como institucional, haverá uma tendência a fortalecer a estrutura hierárquica e a defender a ortodoxia da fé. Não podemos caracterizar tal tendência como centrípeta sem mais, pois sempre esteve viva a preocupação missionária, especialmente com a descoberta de outros continentes ao longo do século XVI.

Entretanto, do ponto de vista institucional, a Igreja era fortemente influenciada pela sociedade medieval muito hierarquizada, ainda vigente nos séculos posteriores pelas monarquias emergentes, com grande poder concentrado na pessoa do rei. A necessidade de defender a Igreja da ingerência do poder civil em seu âmbito, como se deu na questão das investiduras, ocasionará a forte centralização do poder papal, sentida ainda hoje. Essa tendência centrípeta será agravada com o advento da modernidade e seus desafios à Igreja, vistos como ataques e agressões, ocasionando uma reação negativa às conquistas humanas, aliás, por mais paradoxal que possa parecer, frutos do próprio cristianismo (liberdade religiosa, direitos humanos, democracia, autonomia das ciências). Havia um forte controle da doutrina e da reflexão teológica, uma uniformização da liturgia, um enfraquecimento das Igrejas locais e do bispo como sucessor dos apóstolos, uma hipertrofia da classe clerical em detrimento de um laicato passivo e obediente.

4. Igreja e missão

Não nos é permitido julgar etapas históricas anteriores pelo perigo de anacronismo, ao avaliá-las com a consciência histórica de hoje, mas desconhecida naquelas épocas. Entretanto, as transformações socioculturais dos últimos séculos questionavam fortemente essa configuração tradicional da Igreja. Sabemos que o Concílio Vaticano II procurou atualizá-la para a sociedade de então e conhecemos os incentivos e as resistências que enfrentou nestes últimos anos. De qualquer modo, para os bispos conciliares era evidente que o sentido último da Igreja era a missão (LG 17) ou, em outras palavras, que ela é missionária por sua natureza (AG 2); consequentemente, todos os que a constituem devem estar comprometidos com a missão (AG 36). Todavia, pensava-se ainda numa missão em países não cristãos, para trazer seus habitantes para dentro da Igreja. Mais tarde, João Paulo II irá incluir como âmbito da missão também os próprios países tidos como cristãos (RM 33).

A vocação missionária inerente à identidade cristã será posta em relevo na Assembleia Episcopal do CELAM, em Aparecida, ao definir os cristãos como "discípulos missionários"; expressão que terá forte incidência em todo o documento, já que a missão não é tarefa opcional, mas parte integrante da identidade cristã (DAp 144). Essa verdade virá reafirmada pelo Papa Francisco: "Cada um dos batizados, independentemente da própria função na Igreja e do grau de instrução da sua fé, é um sujeito ativo de evangelização" (EG 120). Ao reconhecer que "a ação missionária é *o paradigma de toda a obra da Igreja*" (EG 15), conclui consequentemente esse Papa que ela deve condicionar estruturas, normas e hábitos (EG 49) e convida a todos a serem mais ousados e criativos (EG 33), a serem uma "Igreja em saída" (EG 20), a não serem fiéis a uma formulação doutrinal, sem transmitir sua substância (EG 41). Enfim, a Igreja não deve ser dominada pela administração ou pela sacramentalização (EG 63).

Aqui já aparecem duas características que deverão marcar a Igreja dos próximos anos. Primeiramente, a diminuição da *preocupação com a própria Igreja* (eclesiocentrismo), considerada por muitas autoridades eclesiásticas como estando sob ataque da cultura moderna por não conseguir se impor na sociedade como no passado. Essa preocupação se manifestava no controle rigoroso no setor doutrinário, moral ou litúrgico, numa centralização excessiva do poder eclesiástico, numa nostalgia do prestígio social que gozara no passado, na conservação de linguagens e procedimentos com pouca pertinência para nossos contemporâneos, numa formação clerical que favorecia o carreirismo e no pouco espaço concedido ao laicato, apesar dos textos em contrário.

A segunda característica diz respeito à própria *missão*. Não se trata tanto de conseguir fazer crescer os membros da Igreja, sobretudo através de uma pastoral sacramentalista, mas de *ir ao encontro* de uma sociedade mergulhada na insegurança, no sofrimento, no medo de um futuro com a natureza mais destruída e com a humanidade mais dividida; enfim, com uma sociedade desorientada e carente de referências sólidas e significativas para essa aventura que é a vida humana. Uma missão não primeiramente doutrinária ou moralista, mas uma missão de acolhimento, compreensão, misericórdia, nos moldes da missão de Jesus Cristo na Palestina. Uma missão voltada para todo e qualquer ser humano, sobretudo para os mais necessitados, sem se deter diante de etnias, culturas ou religiões diferentes.

5. Nova configuração eclesial

Devido ao pluralismo reinante na atual sociedade, embora infelizmente submetido à hegemonia do fator econômico, a missão será mais uma voz, entre as demais, apresentando e não impondo a mensagem cristã, a saber, o sentido último da história, do mundo e da existência humana na perspectiva aberta por Jesus Cristo. Missão mais complexa devido à pluralidade de linguagens, experiências de vida, expectativas de futuro, diversidade de crenças e mentalidades, que exigirão pastorais diversificadas para serem acolhidas e eficazes. Fundamental para isso será se distanciar de um cristianismo reduzido a formulações, ritos e tradições religiosas, pois só assim será possível descobrir valores próprios de uma autêntica vida cristã na *vivência cotidiana* das pessoas desta atual sociedade; valores estes a serem reconhecidos e incentivados sem nenhuma intenção de cunho proselitista. Frequentemente tais pessoas se mantêm afastadas da instituição eclesial por não verem nela tais valores, devido ao modo como ela lhes aparece, ou seja, cheia de normas e proibições, intransigente, autoritária, clerical e moralista. Urge, sem dúvida, outra *configuração eclesial* da comunidade constituída pelos seguidores de Jesus Cristo, mais próxima, mais fraterna, mais acolhedora, mais serviçal, e felizmente já existente em algumas regiões.

Se tivermos a devida consciência de que a Igreja tem na proclamação e realização do Reino de Deus seu sentido último, então é importante que essa verdade transpareça em sua *ação pastoral*, ao dar maior valor à vivência cristã de seus membros e não tanto ao que pertence ao âmbito institucional, ritual, jurídico, devocional, sem negar seu sentido e sua necessidade. Impõe-se hoje à Igreja uma renovação ampla de sua linguagem litúrgica, que consiga fazer chegar aos participantes o mistério celebrado, invisível aos olhos, mas acessível ao olhar de fé dos participantes. Mais importante que a exata observância do rito é a participação consciente dos fiéis, que consiga ultrapassar o sinal sacramental, para que se encontrem realmente com o Deus vivo nele presente. Receber a Eucaristia de pé ou de joelhos, na mão ou na boca, é completamente secundário em face da adesão consciente a Cristo e à missão nela implicada. Comungar é comprometer-se e, assim, encontrar-se com Cristo vivo é experimentar a mística do sacramento.

A Igreja é hierárquica por vontade de Jesus Cristo, ou, em outras palavras, nela a autoridade não resulta da vontade de seus membros, como nas modernas democracias, mas provém do próprio Deus. Entretanto, como o seguimento de Cristo implica a promoção do Reino, como vimos anteriormente, *toda* a comunidade cristã está capacitada e mesmo consagrada a desenvolver essa missão ao longo da história. A comunidade dos fiéis é, portanto, primeira, e os ministérios ordenados estão a *serviço* dela através do tríplice múnus do ensino, da santificação e do governo. É um carisma ao lado de outros carismas, como aparece tão bem nas Cartas de São Paulo, não para absorver em si os demais, e sim para coordená-los, pois todos os membros da Igreja comungam no mesmo Espírito Santo (2Cor 13,13), que fundamenta e forma, assim, uma comunidade pela participação de todos nesse mesmo Espírito.

6. Uma Igreja sinodal

Pelo fato de conceder carismas diversos à comunidade cristã, manifesta o Espírito Santo que sua ação salvífica se encontra na totalidade dos vários dons, que devem, portanto, ser respeitados, valorizados e realmente exercidos. O Espírito Santo é o responsável último pela sinodalidade eclesial! Essa verdade pede uma mudança na Igreja latina, que refletiu demasiado em função da noção de poder e de jurisdição. Desse modo, cada batizado é, de fato, sujeito eclesial, capacitado para o apostolado em razão de seu Batismo, sem necessidade de um mandato da autoridade eclesiástica, embora sempre em comunhão com seus pastores, como nos ensina o Concílio Vaticano II (AA 3). Por meio de suas experiências pessoais como cristãos, de sua formação profissional, da sua presença em ambientes não frequentados pelo clero, podem ajudar sobremaneira os responsáveis pela Igreja nos projetos pastorais. Também os pobres têm muito a nos ensinar por viverem sua fé em meio a dificuldades e sofrimentos, por estarem mais capacitados a acolher a mensagem de salvação (EG 126).

A participação ativa de todos os membros da Igreja constitui apenas uma concretização do que conhecemos como a *sinodalidade*, que significa em sua etimologia "caminhar juntos". A noção é bem mais ampla, já que abrange a colegialidade episcopal exposta na Constituição Dogmática *Lumen Gentium* do Concílio Vaticano II (LG 21-23), a realidade das Conferências Episcopais regionais, afirmada no Decreto sobre o Múnus Pastoral dos Bispos (CD 38), a importância das Igrejas Diocesanas "nas quais e pelas quais subsiste a Igreja católica una e única" (LG 23). Poderíamos acrescentar outras modalidades de sinodalidade, como o Sínodo dos Bispos, o Sínodo Diocesano, o Conselho Pastoral Diocesano, o Conselho Paroquial, que, embora não sejam perfeitamente efetivadas em algumas partes, revelam, entretanto, o espírito que as fez surgir. De fato, a Igreja só realizará a comunhão de todos se houver estruturas de participação que possibilitem tal comunhão. A consulta prévia feita ao Povo de Deus, por ocasião dos dois últimos Sínodos sobre a família e sobre os jovens, assinala mais uma realização dessa sinodalidade. Esta não atinge a estrutura hierárquica da Igreja, mas corrige um exagerado centralismo ainda recente.

Não mais vivemos hoje sujeitos às monarquias absolutas do passado, mas sim em sociedades nas quais a participação ativa de seus membros é pressuposto inegociável de sua própria identidade e sobrevivência. De fato, as pessoas se interessam pelas instituições nas quais possam ter presença e participação. Nesse sentido, o Papa Francisco afirma que uma Igreja sinodal é uma Igreja que escuta, consciente de que "escutar é mais do que ouvir" (EG 171); lembra também que devemos prestar atenção aos eventos históricos nos quais surgem os apelos do Espírito (AL 31) e conhecer a pessoa em seus condicionamentos, antes de proferir um juízo moral (EG 44). Outrossim, na mesma linha, apela pelo respeito da Igreja à consciência das pessoas, também capazes de discernimento moral. "Somos chamados a formar consciências, não a pretender substituí-las" (AL 37).

7. A Igreja e os pobres

Como cristãos confessamos em Jesus Cristo a revelação última e definitiva de Deus, de seu projeto para a humanidade. Este fato implica que estejamos atentos às palavras e às ações de Jesus, pois, enquanto somos seus seguidores, constituímos a Igreja. Esta deve haurir da vida histórica de Cristo *seu modo de ser e de atuar*. Como sabemos, Jesus viveu entre os pobres da Galileia, declarou-os bem-aventurados, comoveu-se diante das multidões sem pastor, procurou sempre levar vida, ânimo e esperança aos mais abandonados de seu tempo. Tudo isso revela, de fato, a *preferência de Deus* pelos mais sofridos e carentes de poder e de prestígio. Embora nunca tenha recebido uma formulação dogmática, esse fato pertence ao patrimônio da revelação.

Ao longo de sua história, a Igreja sempre manifestou um cuidado pelos pobres e pelos mais fragilizados da sociedade através de suas Santas Casas, hospitais, asilos, orfanatos, escolas, voltados para os mais necessitados. Mas a preocupação em transformar as mentalidades e estruturas da sociedade em favor de uma sociedade mais justa e fraterna aconteceu apenas nos últimos séculos, com sua doutrina social. Contudo, a Igreja não pode apenas pregar para os de fora, mas igualmente se converter a uma vida mais sóbria e despojada. Sabemos que um grupo de bispos lutou por essa conversão no Concílio e que não foram bem-sucedidos, já que tudo resultou num pequeno texto na Constituição Dogmática sobre a Igreja (LG 8). Menos mal que as Assembleias Episcopais da América Latina e do Caribe demonstraram maior sensibilidade pelos pobres do continente em Medellín, Puebla, Santo Domingo e Aparecida.

A fidelidade à vontade de Deus manifestada na vida de Jesus Cristo implica primeiramente que a Igreja adote um estilo de vida mais simples e despojado, libertando-se gradativamente do mundanismo e dos gastos inúteis que possa ter herdado do passado. Certamente sua pregação e sua atuação evangelizadora terão uma eficácia bem maior se forem acompanhadas pelo *testemunho* da própria Igreja. Muito luxo, muita vaidade, muita ostentação foi sendo agregada à imagem da Igreja, que hoje mais a prejudicam do que ajudam. Entretanto, o imperativo evangélico do cuidado com os pobres e da *sobriedade de vida* deve se tornar uma realidade não só às autoridades eclesiásticas como também a cada cristão.

Num mundo no qual a maioria é constituída por populações carentes do essencial para a própria sobrevivência; a estrutura social, alimentada por uma ideologia do acúmulo de bens, impede que as devidas correções sejam efetuadas no tecido econômico; o lucro financeiro constitui um componente intocável; as multidões de migrantes e desempregados buscam desesperadamente a própria sobrevivência; e as desigualdades sociais crescem e fomentam o aumento da violência, a Igreja não pode deixar de intervir, mesmo que receba críticas e difamações dos mais ricos e poderosos do planeta. Não nos deve espantar que o Papa Francisco, em sua cruzada pelos mais pobres e desalojados, seja tachado de comunista e combatido pelos que nada querem ceder de seu bem-estar. Pelo domínio que o fator econômico tem sobre a cultura e a política, é o Papa hoje um líder mundial que expressa o que outras autoridades civis temem ou evitam dizer.

É importante situar devidamente o objetivo social da fé cristã, que não nasce de uma ideologia, mas brota do próprio Evangelho, a saber, da vida de Jesus Cristo, toda ela em função do Reino de Deus; e este Reino não é apenas uma realidade espiritual, já que atinge o ser humano em todas as suas dimensões. Portanto, a salvação

A IGREJA EM TRANSFORMAÇÃO

de Jesus Cristo deve atingir também as relações sociais entre as pessoas, como afirma o Papa Francisco (EG 178). Numa cultura marcada pelo individualismo que exaspera os conflitos humanos em diferentes âmbitos, o cristão deve lutar pela *solidariedade*, tônica da pregação da Igreja desde Leão XIII até nossos dias.

Não devemos temer uma Igreja privada do poder e do prestígio do passado, uma Igreja frágil e humilde, uma Igreja mais confiante na atuação do Espírito Santo do que em seus recursos humanos, uma Igreja hostilizada pelos poderosos através da mídia, mas certamente uma Igreja mais semelhante a seu fundador. Não defendemos um evangelismo imprudente e irrealizável, mas uma atenção constante da parte de todos nós, pois somos condicionados pela cultura do consumismo desenfreado e insensível a suas nefastas consequências.

8. A ação do Espírito Santo

Um fator importantíssimo para podermos entender as transformações em curso na Igreja é o *Espírito Santo*. Visto no passado apenas como garantia da autenticidade do magistério eclesiástico, era então patrimônio da hierarquia para a conservação da Igreja. Naturalmente atuava também em cada cristão, mas frequentemente sem pertinência alguma para a comunidade eclesial. E como certa compreensão de cunho jurídico (sociedade perfeita) se impunha na eclesiologia, que tudo determinava através de leis e normas, do poder de ordem e de jurisdição, o espaço deixado aos carismas e à ação do Espírito Santo era bem reduzido. É necessário que essa concepção vigente no passado seja realmente corrigida para podermos entender, acatar e tornar realidade a ação do Espírito Santo em nossos dias. Boa parte da resistência de alguns à atual reforma eclesial provém de uma ideia tradicionalista de uma Igreja estática, imune ao tempo, sem levar em conta que muitos componentes dessa imagem brotaram ao longo dos anos, são históricos, contingentes, podendo mesmo ser anacrônicos hoje.

Neste ponto o Novo Testamento é bastante claro: o Espírito Santo é princípio constituinte da Igreja, a saber, sem ele não haveria simplesmente Igreja, pois não teríamos fé em Jesus Cristo (1Cor 12,3), nem haveria Batismo (1Cor 12,13), ministérios ordenados (1Tm 4,14; 2Tm 1,6), perdão dos pecados (Jo 20,22s), tampouco saberíamos rezar como se deve (Rm 8, 26), viver como cristãos (Gl 5,25) ou esperar uma vida eterna (Rm 8,11). Sendo assim, a adesão na fé, a escuta da Palavra de Deus como tal, a oração, a recepção dos sacramentos, a vida cristã, a missão da Igreja, tudo isso depende da ação do Espírito Santo. A Igreja não foi fundada somente em sua origem, porque Deus a constrói ativamente sem cessar.

Desse modo, a ação do Espírito Santo não se limita ao âmbito pessoal, já que é também responsável pela configuração institucional da Igreja. Os dons do Espírito são concedidos a todos na Igreja, recebendo cada um o seu carisma próprio. A diversidade dos dons não divide, mas constrói a Igreja, pois todos eles provêm do mesmo

Espírito e contribuem para o bem de toda comunidade (1Cor 12,4-7) ou para a edificação da própria Igreja (1Cor 14,12.26). Não se trata de dons extraordinários, porque se fundamentam nas próprias qualidades humanas de cada um, a serem postas a serviço da comunidade. Consequentemente, a plenitude da ação do Espírito Santo consiste na totalidade dos diversos dons ou carismas que devem ser respeitados, valorizados e exercidos na Igreja. Silenciá-los corresponde a apagar o Espírito (1Ts 5,19).

Como a Igreja se encontra sempre inserida num contexto sociocultural determinado, ela não pode prescindir do seu entorno, que incidirá em sua organização social. Naturalmente assumirá elementos da sociedade envolvente, já que a ação do Espírito Santo atinge também a sociedade, as culturas e as religiões, como afirmou João Paulo II (RM 28). Porém, já que tais culturas podem apresentar também elementos contrários à fé cristã, ela deve proceder a um discernimento evangélico, pois a história nos demonstra que certas mentalidades e estruturas hoje presentes na Igreja resultaram da vaidade e do desejo de poder. Por outro lado, a presença de valores presentes na sociedade, no fundo valores cristãos enquanto brotaram do próprio Evangelho, embora se apresentem numa versão secularizada, podem ser atribuídos à ação do mesmo Espírito Santo e, consequentemente, ser assumidos pela Igreja. Tarefa realizada já na Constituição Pastoral *Gaudium et Spes* do Concílio Vaticano II, que se inicia afirmando dizer respeito à Igreja toda a realidade humana, "alegrias e sofrimentos" (GS 1) e "com o auxílio do

Espírito Santo auscultar, discernir e interpretar as várias linguagens de nosso tempo e julgá-las à luz da palavra divina" (GS 44). É o que hoje caracterizamos como captar os "sinais dos tempos", tarefa constante para a Igreja em vista das transformações históricas sempre em curso. Ou, na expressão do *Documento de Aparecida*: "A pastoral da Igreja não pode prescindir do contexto histórico onde vivem seus membros. Daí nasce, na fidelidade ao Espírito Santo que a conduz, a necessidade de uma renovação eclesial que implica reformas espirituais, pastorais e também institucionais" (DAp 367).

O que já vimos até aqui nos demonstra que não podemos opor ministérios ordenados aos carismas na Igreja, embora a história da Igreja nos apresente a ação do Espírito Santo em vista de uma renovação, incidindo mais frequentemente fora do âmbito da hierarquia. Entretanto, hoje o receptor dessa ação e, portanto, o agente da reforma querida por Deus vem a ser a autoridade máxima da Igreja. De fato, o Papa Francisco recomenda que confiemos no Espírito Santo, que o invoquemos constantemente e que permitamos "que ele nos ilumine, guie, dirija e impulsione para onde ele quiser. O Espírito Santo bem sabe o que faz falta em cada época e em cada momento" (EG 280). Consequentemente não devem ser muitos os preceitos e as normas eclesiais para não tornar pesada a vida dos fiéis, pois, como já observara Santo Tomás de Aquino, os preceitos dados por Cristo "são pouquíssimos" (EG 43). Porque a "lei de Cristo" (Gl 6,2) não é propriamente uma lei, uma norma que vem de fora, porém mais

A IGREJA EM TRANSFORMAÇÃO

propriamente um dinamismo interior, uma força divina, a graça do Espírito Santo, uma lei infundida, não escrita, a fé operando pelo amor (S. Th. I-II q. 106 a.1). Faz-se necessário recuperar essa verdade de fé (um pouco esquecida na Igreja latina): a lei cristã é principalmente a lei interior, fruto da presença atuante do Espírito Santo nos fiéis (Gl 5,25; Rm 8,2).

Traduzida em âmbito eclesial, a fidelidade à atuação do Espírito Santo exige que a Igreja se desinstale de hábitos e estruturas familiares e que corra o risco de repensar objetivos, estruturas e linguagens exigidas para uma eficaz evangelização na atual sociedade. Fundamental aqui é a confiança real (e não somente teórica) no Espírito Santo, que a conduz por novos caminhos, sem a garantia e a proteção de sustentáculos humanos e de hábitos familiares. Trata-se de um verdadeiro *exercício de fé*. Daí a necessidade de uma conversão que nos liberte do que nos retém prisioneiros, pois o discernimento cristão pressupõe que sejamos *livres* para poder captar a ação do Espírito e não nos desviarmos em rotas alternativas que mais reproduzem nossos próprios gostos e preferências.

Daí a importância do discernimento espiritual numa época de transformações rápidas e sucessivas, pois podemos cair numa "mundanidade espiritual", numa busca camuflada de poder, numa concepção empresarial da Igreja, numa obsessão pela aparência religiosa vazia de Deus, por um zelo que desqualifica os demais. Discernir é ter a coragem de abrir-se ao Espírito, de escutá-lo e segui-lo, tarefa nada fácil e que pressupõe muita fé e muita liberdade.

97

9. Um Deus misericordioso

Outra mudança que experimentamos diz respeito nada mais nada menos que à própria imagem de Deus. Fator importantíssimo para nossa vida cristã, pois, sob a imagem de um Deus que exige, controla, cobra, castiga, ameaça com penas eternas, viveremos nossa fé temerosos e angustiados, hipertrofiando por nossa conta o que a tradição caracterizava como "temor de Deus". E nem sempre a Igreja no passado soube ser fiel à imagem de Deus expressa nas palavras e nas ações de Jesus Cristo. Para nós, cristãos, a pessoa de Cristo é fundamental para sabermos qual Deus invocamos, pois o mistério que é Deus é inacessível à razão humana. Mas aquele que invocava Deus como seu Pai, que o descrevia como bom e misericordioso (parábola do filho pródigo) e que traduzia esse amor misericordioso em linguagem humana através de suas ações, como no caso da mulher adúltera (Jo 8,11), nos apresenta um Deus diferente.

É importante enfatizarmos essa verdade, pois, mais do que nunca, temos um conhecimento mais completo do ser humano, graças às descobertas dos condicionamentos de cunho pessoal, psicológico, social e cultural, os quais limitam (e por vezes deformam) sobremaneira sua visão da realidade e o exercício de sua liberdade. Sem dúvida, a vida humana é hoje bem mais complexa que no passado: oferece muito, mas cobra igualmente muito. E nem sempre o progresso significou melhoria de qualidade de vida. Diante desse quadro, a Igreja deveria ser mais fiel ao "modo de proceder" do próprio Deus que ela anuncia, como lembra o Papa Francisco (AL 307-312), porque no presente "sua credibilidade passa pela estrada do amor misericordioso e compassivo" (MV 10). No fundo, é reconhecer que o cristão está sempre a caminho, ou que ser cristão constitui um processo que abarca toda a vida.

Daí o sentido da distinção entre a norma objetiva a ser cumprida e a capacidade subjetiva do ser humano em obedecê-la. A assim chamada "lei da gradualidade" exposta por João Paulo II (FC 34) consiste em reconhecer "uma gradualidade no exercício prudencial dos atos livres e sujeitos que não estão em condições de compreender, apreciar ou praticar plenamente as exigências objetivas da lei" (AL 295). Daí se compreende a distinção entre "moral objetiva", que conserva toda sua verdade, e "moral subjetiva", que considera concretamente a pessoa. No fundo, constatamos uma mudança importante de paradigma: passamos de uma moral de normas a uma moral de virtudes. Embora a norma conserve sua verdade e seu valor *enquanto meta*, leva-se também em consideração a progressiva caminhada da pessoa em direção à mesma.

À GUISA DE CONCLUSÃO

Certamente muitos temas concernentes ao cristianismo no mundo atual não foram abordados. Procuramos tratar dos que nos pareciam mais urgentes e significativos. Mesmo assim ainda nos resta passar das razões teológicas para a ação pastoral, ou seja, como poderiam as verdades expressas teologicamente ser, de fato, vividas pelos membros da Igreja. Tarefa complexa que implica novas expressões, novas estratégias de evangelização, novas instituições, seja no nível paroquial, diocesano, seja no regional. Portanto, não pretendemos oferecer soluções feitas, mas despertar o leitor para questões nas quais ele, por ser cristão, já está implicado.

1. A urgência de uma linguagem atualizada

Ninguém pode negar as dificuldades encontradas pelas autoridades da Igreja em sua missão de levar a mensagem salvífica de Jesus Cristo à sociedade atual. Sem dúvida alguma são muitos os cristãos que vivem autenticamente sua fé, alguns mesmo heroicamente. Mas a atual cultura, ainda que em processo de transformação contínua, apresenta visões da realidade, categorias mentais, problemáticas e desafios inéditos que acabam por questionar a visão cristã tradicional, hegemônica no passado, mas hoje não bem compreendida ou simplesmente rejeitada. Por exemplo, há realmente uma crise de fé em Deus ou, mais propriamente, uma crise devido à *representação inadequada* de Deus que mais o deforma do que o revela. Consequentemente, muitos dos que se dizem ateus, ou simplesmente agnósticos, em nossos dias rejeitam um Deus que também nós, cristãos, não podemos aceitar.

O problema é grave, pois o *imaginário cristão tradicional* abrange não só uma linguagem milenar, presente na Bíblia e anterior ao surgimento das ciências modernas, mas ainda emprega expressões e imagens nascidas ao longo dos séculos passados que são de difícil compreensão para hoje. Exemplo mais evidente desse fato é a linguagem ainda utilizada nas celebrações eucarísticas, que não só refletem as teologias de outrora como também ainda empregam noções estranhas a nossos contemporâneos. Urge voltar aos textos básicos do Novo Testamento, bem como aproveitar a riqueza que nos oferecem as atuais cristologias, para que possam estar realmente presentes nas orações e celebrações oficiais da Igreja. Jesus nunca chamou Deus de onipotente, mas sim de Pai, e nos ensinou a fazermos o mesmo.

A Igreja só conseguirá uma linguagem adequada e significativa se souber não apenas ensinar, emanar normas e enquadrar juridicamente seus membros, mas, sobretudo, ser *capaz de escutá-los*, conhecer suas situações existenciais, aprender sua linguagem própria, seus anseios de sentido e de felicidade. O Espírito Santo atua em todo o Povo de Deus, levando muitos a intuírem suas inspirações e a viverem o ideal evangélico com grande autenticidade. A Igreja docente deve ser também uma Igreja discente.

2. A primazia do "vivido"

Sabemos que Jesus não deu muita importância a tradições, celebrações e práticas religiosas de seu tempo, sabendo mesmo relativizá-las sempre que estava diante de um ser humano necessitado. Sabemos também que o cristianismo em seus inícios era muito simples, insistindo mais na caridade fraterna e na partilha de bens; porém, devido a seu crescimento e à ameaça das heresias, teve de desenvolver doutrinas, ministérios e instituições para manter sua identidade. Sabemos ainda que apenas o "vivido" não basta para o ser humano, o qual procura expressá-lo para os demais, já que é um ser social. Ao traduzir em símbolos, celebrações e práticas o que crê e espera, ele ganha maior consciência das verdades que norteiam sua vida, manifesta visivelmente sua adesão religiosa, demonstra ser membro de uma comunidade religiosa e fortifica, assim, sua adesão a Cristo. Não há dúvida: o símbolo é inerente à condição humana.

Entretanto, além do perigo de querer eternizar a linguagem simbólica do cristianismo, que é inevitavelmente histórica e contextual, como vimos anteriormente, existe também a tentação de considerar os sinais e as práticas religiosas não como *expressões e meios* do que é realmente "vivido", e sim enquanto objetivos a serem alcançados. Neste momento, a fé sofre uma séria deturpação, pois se absolutizam ritos e práticas que falsamente oferecem segurança e boa consciência aos que os observam fielmente (fundamentalismo, ritualismo). Contudo, o rito que *não expressa o "vivido"* pertence ao mundo da mágica e do irreal. Confissões de fé, celebrações sacramentais, tradições religiosas aí estão para colocar o ser humano diante de Deus, para transformar sua vida, para fazê-lo viver para os demais a exemplo de Jesus Cristo. Caso contrário, o cristianismo se torna uma realidade cultural, a tal ponto que sociedades caracterizadas como cristãs apresentam sofrimentos humanos e injustiças sociais que pouco as distinguem das demais.

O problema é antigo, já foi denunciado no texto de Aparecida (DAp 12) e vem claramente expresso pelo Papa Francisco, ao afirmar que a realidade é superior à ideia, pois a Palavra sem as obras de caridade e justiça se torna infecunda (EG 233). Não se pode deixar de reconhecer que a pastoral tradicional da Igreja até anos atrás era principalmente de cunho sacramentalista e devocional, insistindo no aspecto moral da mensagem cristã, com ameaças de castigos eternos quando não devidamente observada. Esse fato não passou despercebido aos últimos papas nem aos bispos em Aparecida (DAp 240-346).

De fato, tudo na Igreja só se justifica enquanto mediação para uma *experiência pessoal* com Jesus Cristo. Esse encontro implica uma fé madura que resulta de uma opção livre, consciente do risco que corre, mas estimulada e sustentada pelo Espírito Santo (1Cor 12,3), que proporciona uma experiência de sentido, de realização humana, de paz e alegria que só Deus pode nos dar (Jo 14,27). A catequese deveria insistir, sobretudo, em conduzir os jovens a essa experiência, mais do que ensinar-lhes doutrinas e normas morais. Naturalmente essa vivência cristã só será alcançada pelo exercício da oração e da caridade, que implicam todo um processo mistagógico que deverá naturalmente se desenrolar numa comunidade cristã (Dap 286-294).

3. O amor fraterno na construção do Reino de Deus

O agir do cristão não pode ter outro modelo senão o agir de Jesus Cristo. E os evangelistas sinóticos nos desconcertam ao narrar o comportamento de Jesus na sociedade de então. Sua religião, se assim podemos falar, se caracterizava pela sensibilidade humana que demonstrava diante dos doentes, dos marginalizados, dos pobres, dos pecadores, quando então curava enfermos, cegos ou paralíticos, perdoava pecadores; enfim, fazia o bem numa existência totalmente descentrada de si própria. A parábola do bom samaritano (Lc 10,29-37) ou a cena do juízo final (Mt 25,31-46) confirmam o que deve ser essencial no cristianismo ou no relacionamento com Deus, que nunca se dá como verdade isolada de nosso comportamento em relação ao próximo (1Jo 4,20s).

Podemos dizer, em outras palavras, que a religião de Jesus Cristo se realiza na vida concreta de cada um, já que valoriza mais as relações horizontais interpessoais do que aquelas outras verticais, voltadas para o culto e para práticas religiosas de culto (Mt 5,23s). De fato, o cristianismo deve ser vivido na própria vida concreta de cada um, na família, na profissão, na sociedade, não exigindo um espaço sagrado, já que sagrado para Jesus era o próprio semelhante. Porém, por outro lado, enquanto grupo social que se distingue dos demais e tem identidade própria, deve o cristianismo se fazer presente não só pelo testemunho de vida dos cristãos, mas também através de seus símbolos de cunho doutrinal, sacramental, jurídico, cuja finalidade consiste em manter viva a vivência da fé, a caridade afetiva e efetiva, a construção na história do Reino de Deus. Trata-se de duas modalidades de presença atuante: no âmbito eclesial e no setor social, ambas constitutivas do cristianismo.

E a razão é sempre a mesma. O Deus dos cristãos não se encontra fora da história, numa transcendência inalcançável e alheia aos eventos e dramas da humanidade, pois é um Deus que tem um projeto para toda a criação, um Deus que se envolve na história para realizar seu objetivo, um Deus que necessita dos seres humanos para fazê-lo avançar, um Deus que visa à construção de uma sociedade justa e fraterna, um Deus que quer a felicidade do ser humano. Portanto, lutar por uma autêntica humanização da vida social é colaborar no projeto de Deus. O cristianismo não pode se contentar somente com os sinais, pois a fé deve atuar pelo amor (Gl 5,6); caso contrário, perde credibilidade. Devemos reconhecer que houve no curso da história da Igreja uma hipertrofia do componente doutrinal e institucional, em prejuízo do místico e do social.

Esse fato já provocou o afastamento de muitos e fez nascer a falsa concepção de uma Igreja voltada apenas para o âmbito do "religioso", não devendo se imiscuir no social ou no político. Essa visão deformada do cristianismo é desmentida não só pela atuação de Jesus em sua época, como também pela Doutrina Social da Igreja, levada a cabo pelo magistério pontifício. A atuação do Papa Francisco em favor dos imigrantes, da paz entre nações, de uma ordem mundial mais justa, de uma preservação ambiental do planeta, numa época em que o lucro econômico vale mais do que a própria pessoa, está perfeitamente coerente com a fé cristã. A ética cristã é essencialmente uma ética da solidariedade, e exatamente por isso ela incomoda tanto aos poderosos e exploradores.

4. Um laicato missionário

São vários os fatores que incidem na redução numérica de candidatos ao ministério sacerdotal: a quase inexistência de famílias numerosas; a queda no *status* social do padre na sociedade atual; o fim de uma era de cristandade; o advento de uma sociedade pluralista e secularizada; o celibato obrigatório, para só nomear alguns. Aumentar o número de paróquias e de fiéis a serem atendidos pelo mesmo presbítero não só afeta a qualidade do cuidado pastoral como também a própria saúde física e mental dos sacerdotes. Além disso, o número excessivo de fiéis numa só paróquia impede que haja ali a experiência do que seja realmente uma *comunidade eclesial*, e isso num tempo em que a maioria da população vive em cidades, carente de contatos humanos e gratificantes, só possíveis em grupos menores.

Nessa situação, não se vê por que não abrir a ordenação presbiteral também para homens casados devidamente aptos para tal, embora a questão seja mais abrangente. Isso porque a missão que justifica a existência da Igreja é própria de *todos* os seus membros, que, pelo testemunho de vida, pelo anúncio do Evangelho, pela celebração de sua fé, tornam presente e atual o projeto de Deus em Jesus Cristo para toda a humanidade. Já que o sacerdócio neotestamentário é antes de tudo existencial e não cúltico, como era no judaísmo, então toda a Igreja é uma comunidade sacerdotal, participante do sacerdócio de Jesus Cristo (1Pd 2,5).

Certamente a presença atuante de leigos e de leigas na atividade missionária da Igreja é um fato que não pode ser negado, nem mesmo questionado depois do Concílio Vaticano II e dos recentes pronunciamentos do magistério. A concentração dos carismas na figura do sacerdote é um fato histórico, teve suas razões, como já vimos, mas que não mais se justifica em nossos dias. Naturalmente sua implementação exigirá mudanças institucionais que afetarão tanto a mentalidade reinante do laicato e do clero quanto hábitos adquiridos e comportamentos tradicionais. É todo um processo que deve ser iniciado, cujo resultado dependerá das tentativas feitas, nem sempre acertadas, mas certamente decisivas para a pastoral da Igreja no futuro.

Um laicato ativo não deve limitar seu raio de ação ao interior da Igreja, como força auxiliar do clero nas paróquias, mas também atuar na sociedade, podendo manifestar, como laicato cristão adulto, suas opiniões, seus juízos, suas considerações sobre as questões que agitam a sociedade. Dessa pluralidade de vozes não se deve esperar uma avaliação unânime pela diversidade dos pontos de vista, mas certamente oferecerá às autoridades da Igreja uma temática já mais amadurecida e consistente pelo debate anterior. Devido à ausência desse debate em nosso país, todo o peso de um juízo sobre questões altamente complexas acaba recaindo sobre os bispos. Por que os cristãos, filósofos, economistas, sociólogos, psicólogos, historiadores, médicos, professores universitários não contribuem a partir de seus conhecimentos e de sua fé para o esclarecimento das questões atuais, numa perspectiva cristã? Sem dúvida alguma estariam contribuindo para uma sociedade mais humana, promovendo o Reino de Deus e sendo verdadeiramente discípulos missionários.

5. Uma Igreja futura diferente

Certamente, quanto mais os seguidores de Jesus Cristo assumirem seu modo de vida, tanto mais a Igreja se transformará e será efetivamente luz, verdade e vida para o mundo; numa palavra, continuará, de fato, a missão do Mestre de Nazaré na história humana. Decerto não terá o poder e o prestígio de séculos passados, mas será realmente o "pequeno rebanho" (Lc 12,32), desprovida das grandes multidões de batizados não praticantes e, consequentemente, de especial interesse por parte da grande mídia, já que as comunidades serão menores, propiciando relações humanas autênticas, constituindo um grupo social que permita a seus membros expressarem sua fé, rezarem e conhecerem melhor a Palavra de Deus, bem como se ajudarem mutuamente na caminhada comum e lutarem juntos pelo Reino de Deus. Nessas comunidades menores, nas quais Cristo está presente (Mt 18,20), os problemas existenciais ou as questões provindas do entorno sociocultural poderão ser avaliados à luz da fé cristã.

Sem dúvida, sendo o amor fraterno o núcleo do seguimento de Cristo, as relações pessoais no interior dessas pequenas comunidades deverão comprovar sua autenticidade e sua força atrativa para os de fora. Sem negar a necessidade de organização, o componente administrativo ou institucional não será prioritário, cabendo a instâncias superiores (paróquias, dioceses) essa tarefa. Tais comunidades se sustentarão com o pão da Palavra e com o pão eucarístico, desde que esse alimento seja

A Igreja em transformação

consscientemente recebido. A Palavra não apenas sabida ou ouvida, mas realmente escutada como Palavra de Deus, de tal modo que cada um a confronte com sua vida concreta, escutando-a em silêncio e permitindo que ela desenvolva seu potencial de luz e de força. O pão eucarístico igualmente só será alimento, não de um modo mágico ou automático, mas enquanto recebido como adesão à existência de Cristo, como compromisso pelo projeto do Reino de Deus, e, consequentemente, como força na caminhada diária que é a vida cristã.

Naturalmente nessas comunidades haverá maior proximidade entre o clero e o laicato, desde que o sacerdócio comum e o sacerdócio ordenado sejam realmente entendidos e vividos como *serviço* e não como poder. Não se trata de um sonho, pois esse ideal já é uma realidade em várias dioceses da América Latina e certamente de outros continentes. Como a existência de Jesus Cristo foi uma existência para os demais, igualmente as comunidades cristãs deverão se destacar não pelo brilho de suas celebrações, pela organização impecável, pela beleza de seus edifícios, pelo prestígio social, mas pelo testemunho de sensibilidade humana, de compaixão pelos "ninguéns" da sociedade, pela denúncia dos males provocados pelo egoísmo humano, sempre em busca de prazer, de poder e de honraria. Certamente, na atual sociedade, tal testemunho acarretará incompreensões, agressividades e mesmo perseguições, como vem acontecendo em nossos dias. Porém, a dimensão profética da fé cristã não pode ser emudecida, pois significaria, sem mais, a mundanização da mensagem cristã.

111

BREVE BIBLIOGRAFIA

CASTILLO, J. M. *Jesus*: a humanização de Deus. Petrópolis: Vozes, 2015.

CELAM. *Documento de Aparecida*: texto conclusivo da V Conferência Geral do Episcopado Latino-Americano e do Caribe. São Paulo: Paulus/Paulinas; Brasília: Edições CNBB, 2008.

COMISSÃO TEOLÓGICA INTERNACIONAL. *O pluralismo teológico*: a Igreja e as culpas do passado. São Paulo: Loyola, 2002.

CONCÍLIO VATICANO II. Constituição Dogmática *Dei Verbum*: sobre a revelação divina. São Paulo: Paulinas, 2004. (Coleção Voz do Papa, 37).

_____. Constituição Pastoral *Gaudium et spes*: sobre a Igreja no mundo de hoje. São Paulo: Paulinas, 2005. (Coleção Voz do Papa, 41).

_____. Decreto *Apostolicam Actuositatem*: sobre o apostolado dos leigos. 1965. Disponível em: <http://www.vatican.va/archive/hist_councils/ii_vatican_council/documents/vat-ii_decree_19651118_apostolicam-actuositatem_po.html>. Acesso em: jun. 2019.

_____. Decreto *Christus Dominus*: sobre o múnus pastoral dos bispos na Igreja. São Paulo: Paulinas, 1996.

CONGAR, Y. *Vraie et fausse réforme dans l'Église*. Paris: Cerf, 1968.

_____. *L'Église de Saint Augustin à l'époque moderne*. Paris: Cerf, 1997.

CORETH, E. *Questões fundamentais de hermenêutica*. São Paulo: Ed. USP, 1973.

DIANICH, S. *La chiesa cattolica verso la sua reforma*. Brescia: Queriniana, 2014.

DIANICH, S.; NOCETI, S. *Tratado sobre a Igreja*. Aparecida: Santuário, 2007.

FAIVRE, A. *Chrétiens et Églises*: des identités en construction. Paris: Cerf, 2011.

FRANÇA MIRANDA, M. *A Igreja que somos nós*. São Paulo: Paulinas, 2013.

_____. *A reforma de Francisco*. São Paulo: Paulinas, 2017.

_____. *Igreja sinodal*. São Paulo: Paulinas, 2018.

GALLI, C. M.; SPADARO. A. *La reforma e le riforme nella chiesa*. Brescia: Queriniana, 2016.

JOÃO PAULO II. Carta Apostólica *Familiaris Consortio*: a missão da família cristã no mundo de hoje. São Paulo: Paulinas, 1981. (Coleção Voz do Papa, 100).

_____. Carta Encíclica *Redemptoris Missio*: a validade permanente do mandato missionário. São Paulo: Paulinas, 1990. (Coleção Voz do Papa, 37).

KASPER, W. *A Igreja Católica*. São Leopoldo: Unisinos, 2012.

_____. *A misericórdia*. São Paulo: Loyola, 2015.

KAUFMANN, F. X. *A crise na Igreja*. São Paulo: Loyola, 2013.

LAFONT, G. *L'Église en travail de réforme*. Paris: Cerf, 2011.

_____. *Petit essai sur le temps du pape François*. Paris: Cerf, 2017.

LOHFINK, G. *Deus precisa da Igreja?* São Paulo: Loyola, 2008.

_____. *Jesus de Nazaré*. Petrópolis: Vozes, 2015.

MOINGT, J. *Faire bouger l'Église catholique*. Paris: DDB, 2012.

PAPA FRANCISCO. Exortação apostólica pós-sinodal *Amoris Laetitia*: sobre o amor na família. São Paulo: Paulinas, 2016. (Coleção Voz do Papa, 202).

_____. Exortação apostólica *Evangelii Gaudium*: a alegria do Evangelho. São Paulo: Paulinas, 2013. (Coleção Voz do Papa, 198).

_____. *Misericordiae Vultus*: o rosto da misericórdia. São Paulo: Paulinas, 2015. (Coleção Voz do Papa, 200).

PONTIFÍCIO CONSELHO PARA O DIÁLOGO INTER--RELIGIOSO. *Diálogo e Anúncio*. 1991. Disponível em: <http://www.vatican.va/roman_curia/pontifical_councils/interelg/documents/rc_pc_interelg_doc_19051991_dialogue-and-proclamatio_po.html>. Acesso em: jun. 2019.

ROUET, A. *La chance d'un christianisme fragile*. Paris: Bayard, 2001.

THEISSEN, G. *A religião dos primeiros cristãos*. São Paulo: Paulinas, 2009.

Rua Dona Inácia Uchoa, 62
04110-020 – São Paulo – SP (Brasil)
Tel.: (11) 2125-3500
http://www.paulinas.com.br – editora@paulinas.com.br
Telemarketing e SAC: 0800-7010081